Heike Franz-Lammers

Lieder und Bewegungsspiele im Kindergarten

Heike Franz-Lammers

Lieder und Bewegungsspiele im Kindergarten

Band 1: Am Vormittag

Mit Illustrationen von Katharina Joanowitsch

Herder Freiburg · Basel · Wien

Zu diesem Buch wird durch den Verlag eine Musikkassette mit allen Liedern angeboten unter der Bestell-Nr. 22816.

Zweite Auflage

Einbandgestaltung und Textillustration: Katharina Joanowitsch, Hamburg
Notenschrift: Herbert Ring

Herstellung: Freiburger Graphische Betriebe 1993
ISBN 3-451-22815-7

Vorwort

Die Lieder und Spiele in diesem Buch sind entsprechend dem Ablauf des Kindergartenvormittags geordnet, und zwar in den Kapiteln

Sie sind in Phasen zusammengefaßt und können das vormittägliche Zusammensein im Kindergarten von der Morgenbegrüßung bis zum Mittag begleiten.
In dieser zeitlichen Anordnung der Lied- und Spielmaterialien gibt es einerseits Lieder und Spiele, die vorwiegend die Aktivitäten in bestimmten Tagesabschnitten unterstützen sollen (Begrüßen, Kennenlernen, Turnen, Tischdecken usw.). Andererseits gibt es Lieder, die sich mit ihrem Text auf typische Geschehnisse und auf die dem Kind vertraute Alltagswelt beziehen (Zu-spät-Kommen, Streitereien, Wetter, Wackelzähne, unangenehme Situationen, usw.).
Zu jeder in einem Kapitel zusammengefaßten Tagesphase sind Lieder und Spiele mit unterschiedlichem Schwierigkeitsgrad und unterschiedlichen erzieherischen Absichten beschrieben. Sie haben so die Möglichkeit, einzelne Materialien selbst auswählen zu können in bezug

- auf das Vermögen der Gruppe,
- auf die jeweiligen Themen in der Gruppe,
- auf Ihre erzieherischen Absichten in der Gruppe,
- und nicht zuletzt auf Ihre eigenen Fähigkeiten.

Die speziellen erzieherischen Absichten der Lieder und Bewegungsspiele sind eingehend im Zusammenhang mit jedem einzelnen Titel beschrieben.
Allgemein und für alle Lieder und Spiele gilt allderings, daß durch den Umgang mit Musik (Lied) und Bewegung Erfahrungen gemacht und Erfahrungen vertieft werden sollen:

- mit sich selbst,
- mit sich als Teil der Gruppe,
- mit der vertrauten Umwelt.

Über das Erfahrungen-Machen hinaus werden dann pädagogische Zielvorstellungen verfolgt, etwa:

- Entwicklung der gedanklichen Phantasie, der Bewegungsphantasie und der musikalischen Phantasie,
- Entwicklung des Gedächtnisses,
- Entwicklung der Konzentrationsfähigkeit,
- Entwicklung der Einordnungsfähigkeit in die Gruppe,
- Entwicklung des Reaktionsvermögens.

Diese Zielvorstellungen sollen nun diejenigen Erzieherinnen*, die nur wenig pädagogisch, musikalisch oder bewegungsmäßig vorgebildet sind, keineswegs abschrecken, mit dem Lied- und Spielmaterial zu arbeiten. Selbstverständlich ist es jedoch notwendig, Lieder und Spiele sorgsam auszuwählen (was trauen Sie sich in der Vermittlung überhaupt zu?) und sich selbst gut vorzubereiten, ehe man etwas an die Kinder heranträgt.
Sind Sie in der Lage, Kindermelodien zu singen, und wagen Sie es, diese Melodien Kindern auch vorzusingen und sich vor Kindern und mit Kindern zu bewegen, so erfüllen Sie schon grundsätzliche Voraussetzungen zur Vermittlung.

Im weiteren sollten Sie dann zusätzliche Regeln und Ratschläge berücksichtigen:

1. Sie müssen entsprechend der jeweiligen Situation das ausgesuchte Lied/Spiel selbst für passend und angebracht halten, so daß Sie es mit überzeugendem Engagement vermitteln können.

2. Text und Melodie müssen ganz und gar sicher auswendig beherrscht werden. Nur wenn eigene Sicherheit im Umgang mit dem Material besteht, können Sie für andere überzeugend auftreten. So ist es dann auch möglich, von den Kindern ausgehende Impulse aufzunehmen und ihre Einfälle ins gemeinsame Tun zu integrieren, so daß die Kinder das lustvolle Empfinden haben, mitzugestalten und nicht nur mitzumachen und nachzumachen.
Damit auch Personen ohne Notenkenntnisse sich die Lieder über das Ohr sicher aneignen können, wurde eine Musikkassette mit sämtlichen Liedern zum Buch erstellt.

---

* Im folgenden sprechen wir aus sprachlichen Gründen vereinfacht in der Einzahl vom „Erzieher“, weiblich und männlich verstanden.

3. Die zum Lied/Spiel notwendigen Bewegungen sollen unbedingt vorher zu Hause (auch vor dem Spiegel) mehrfach ausprobiert worden sein. Erst wenn sie einem sicher und selbstverständlich geworden sind, sollte man ihre Vermittlung wagen.
Empfinden Sie beim Vormachen Unsicherheit, Gehemmtheit oder gar Peinlichkeit, so überträgt sich dieses leicht auf die Kinder und kann viel von deren eigener Bewegungsunbefangenheit und Ausdrucksfähigkeit zerstören.
Gleiches gilt für das Singen. Empfinden Sie beim Singen Hemmungen, so sollten Sie das Lied lieber noch nicht vorsingen, weil die Kinder eine gehemmte Singweise sehr schnell übernehmen können. Sie sollten zunächst noch weiter für sich allein üben, bis Sie sich sicher und frei fühlen, oder es lieber mit einem anderen Lied versuchen, das Ihnen vielleicht mehr liegt. Man kann für sich üben, indem man (in seinen eigenen Wänden und zu jeder erdenklichen Tageszeit) das Lied so hoch, so tief, so laut, so leise, so schrill, so sanft, so scheußlich oder so schön wie möglich vor sich hinsingt.

4. Die Umgebung, in der Sie mit den Kindern singen, spielen und sich bewegen möchten, sollte möglichst wenig Ablenkung bieten. Es darf auch nicht zu eng sein, weil sonst die Bewegungsfreude aus Angst vor „Rempelei" ständig kontrolliert und eingeschränkt werden muß.

5. Sie sollten neu zu erlernende Lieder zunächst in einer Ihnen selbst angenehmen Tonlage vorsingen, in der Sie am bequemsten und am kräftigsten singen können.
Ist den Kindern das Lied durch häufiges Vorsingen vertraut geworden, so können Sie es etwas höher anstimmen und selbst nur noch ganz leise mitsingen. Kinder haben dünnere und kürzere Stimmbänder und singen deshalb höher. Versuchen Sie sogleich der höheren Kinderstimme gerecht zu werden, so passiert es leicht, daß Sie als Erwachsener angestrengt singen und die Kinder die angestrengte Singweise imitieren.

6. Regen Sie die Kinder gelegentlich an, beim Singen auch auf das Singen der anderen Kinder zu hören und beim Sich-Bewegen auch einmal die Bewegungen der anderen Kinder zu beobachten.

7. Lassen Sie Kinder, die gern allein vorsingen wollen, dieses bei jeder passenden Gelegenheit tun, aber drängen Sie nie ein Kind, allein zu singen, wenn es das nicht freiwillig tun möchte.

8. Der Text eines Liedes kann von Ihnen zunächst mit ihren eigenen Worten erzählt werden. Oder versuchen Sie einmal, eine sich um den

Text herumrankende Geschichte zu erfinden, die Sie den Kindern als „Einführung“ des Liedes erzählen.

9. Fordern Sie die Kinder auf, „singend zu erzählen, was im Lied passiert“, damit das deutliche Artikulieren beim Singen geübt wird.

10. Regen Sie die Kinder an, Bewegungen genau zu beobachten und sich dann ganz und gar in die Pantomime hineinzubegeben.

11. Versuchen Sie herauszufinden, was jedes Kind besonders gut kann. Stellen Sie sich selbst ab und zu die Aufgabe, Gelegenheiten zu schaffen, damit einzelne Kinder ihre besonderen Fähigkeiten zeigen können. Mit seinem Können wahrgenommen zu werden, motiviert dazu, mehr lernen zu wollen.

12. Achten Sie, so gut es geht, darauf, daß die Altersunterschiede in einer Gruppe nicht zu groß sind (besonders günstig ist es in unserem Fall, wenn nur Kinder eines Jahrgangs in der Gruppe sind). Viele musikalische und bewegungsmäßige Fertigkeiten sind abhängig von Reifungsprozessen. Was Dreijährige nocht nicht leisten können, ist oftmals für Fünfjährige schon eine Unterforderung.

13. Seien Sie nicht traurig, wenn Sie kein Instrument spielen und sich selbst nicht begleiten können. Ihre Singstimme ist das wichtigste Instrument!

Da die Gitarre beim gemeinsamen Singen das am häufigsten genutzte Begleitinstrument darstellt, wurden zu den Liedern einfache Harmonien gesetzt, die es ermöglichen, die Melodien mit wenigen Gitarrengriffen zu begleiten.

Der Kindergartentag beginnt

Alle Lieder dieses ersten Teils sind in morgendlichen Kindergartensituationen entstanden. Es liegt ihnen die Überzeugung zugrunde, daß ein Kind, welches in den Kindergarten gebracht wird oder gar schon den Weg dorthin alleine zurücklegen konnte, unbedingt eine freundliche, allein ihm geltende Begrüßung erfahren sollte. Auf diesem Wege kann schon zu Beginn des Kindergartentages eine zugewandte Atmosphäre gefördert werden, die dem Kind die Umstellung von der häuslichen Situation auf die Gruppensituation im Kindergarten erleichtert.
Neben der Begrüßungsaufgabe verfolgen die Lieder des ersten Kapitels außerdem die Absicht, daß sich das Kind bei nun gegebener Gruppensituation auch weiterhin als Einzelpersönlichkeit erfahren kann. Hierzu gibt es Lieder und Spiele, die dazu anhalten, mit eigenen Einfällen auf das Gruppengeschehen Einfluß zu nehmen, aber auch auf Einfälle anderer Kinder zu reagieren.
Weiter gibt es Lieder, mit denen das Kind Teile seiner morgendlichen Erlebniswelt gemeinsam mit den anderen Kindern besingt und gegebenenfalls pantomimisch darstellt.

Lieder

1. Der Morgenkreis

Habt ihr schon den Fabian gesehn?
Ja, wir sehn ihn gehn, ja, wir sehn ihn gehn!
Habt ihr schon den Fabian gesehn?
Ja, der Fabian ist da.

1. Zur Entstehung

In vielen Kindergärten beginnt das gemeinsame Tagesprogramm mit einem Morgenkreis. Die Kinder sammeln sich im Kreis sitzend am Boden oder auf Stühlen, und es wird sich was erzählt und Gemeinsames besprochen. Von Interesse ist dabei fast immer, wer von den Kindern und von den Erwachsenen alles anwesend ist. In diesem Zusammenhang entstand das Spiellied. Es dient in erster Linie dazu, jeden einzelnen der Anwesenden zu begrüßen und ihm einen kurzen Moment allgemeiner Aufmerksamkeit zukommen zu lassen.

2. Aufstellung und Verlauf

Die Kinder sitzen im Morgenkreis. Es wird bestimmt, welches Kind als erstes von allen begrüßt werden soll. Dieses Kind, zum Beispiel Fabian, erhebt sich und geht in einer Richtung außen um den Kreis herum. Die sitzenden Kinder singen das Lied und betrachten dabei den gehenden Fabian.
Auf dem Lied-Text: „Ja, der Fabian ist da!“, soll Fabian wieder an seinem Platz ankommen und sich auf diesem niederlassen. Jetzt wird das nächste Kind mit dem Lied in gleicher Weise begrüßt und so fort.

3. Zur Vermittlung

Solange das Lied noch nicht gut bekannt ist, muß der Erzieher das Singen stark führen, damit es als „Spielstütze“ gut hörbar ist.
Zunächst sollte allein die Begrüßung der Kinder, das „An-der-Reihe-Sein“, im Vordergrund stehen und nicht die genaue Ausführung der Bewegungsaufgabe (zur rechten Zeit, am Schluß des Liedes, an seinem Platz ankommen).
Die Bewegungsaufgabe sollte erst dann mit in den Vordergrund rücken, wenn die Kinder das Lied durch häufiges Singen gut kennen und seine Zeitdauer genau empfinden.
Erst wenn auch das sich bewegende Kind das Mitsingen nicht vergißt, sollte man es zur genaueren Ausführung der Bewegungsaufgabe anhalten. Die Bewegungsaufgabe besteht darin, daß das Kind den Weg um den Kreis herum zurück zum eigenen Platz durch eigene Schrittempo- und Schrittgrößendosierung so einteilt, daß es möglichst genau auf dem Text „ist da“ sich auf seinem Platz wieder niederläßt. Eine solche Wegeeinteilung geschieht intuitiv, wenn das Kind die Zeitdauer des Liedes gut empfindet.
Das Kind muß selbst entscheiden, ob es schnell gehen will, um mehrere Runden zu schaffen, oder ob es seine Schritte verzögert, um nicht zu schnell voranzukommen.

4. Mögliche Vorübungen

Die im Lied enthaltene Aufgabe, nach einer von der Musik (gesungenes Lied) vorgegebenen Zeit (Dauer des Liedes) einen bestimmten Weg zurückzulegen (um den Kreis herum zurück zum eigenen Platz), kann mit folgenden Spielen vorgeübt werden:

Die Kinder sitzen im Raum verteilt, jedes Kind in seinem „Haus“. Ein Baustein, ein Tuch, ein Buch oder ähnliches kann dieses Haus markieren. Zunächst werden die Kinder dazu angehalten, sich im Raum zu orientieren.
Wo genau im Raum steht mein Haus?
Wo sind von meinem Haus aus gesehen die Fenster des Raums?
Wo ist die Heizung?
Wo steht das Klavier?
Wer sind meine Nachbarn?
Wer „wohnt“ vor mir, hinter mir, rechts und links von mir?
Kann ich im Haus sitzend die Augen schließen?
Erinnere ich mich dann noch daran, wer vor mir, hinter mir, rechts und links von mir „wohnt“?

Nach diesen oder ähnlichen Orientierungsübungen singen die Kinder im „Haus“ sitzend eine kurze, ihnen bekannte Melodie. Hat man die Fähigkeit, so kann man den Kindern auch eine kurze Melodie auf einem Instrument vorspielen.

Ist den Kindern die Melodie durch mehrfaches Singen oder durch mehrfaches Hören gut vertraut, so folgen Aufgaben wie:

a) Macht vor eurem Haus ein Kunststück, setzt euch, wenn die Melodie vorbei ist, so schnell wie möglich wieder in euer Haus, als wäre nichts geschehen.

b) Geht zwischen den Häusern spazieren. Rennt, wenn die Melodie vorbei ist, so schnell wie möglich (ohne euch anzurempeln) zu eurem Haus zurück und setzt euch hinein, als wäre nichts geschehen.
c) Geht zwischen den Häusern spazieren, solange die Melodie dauert. Hört genau hin, wann die Melodie ihrem Ende zugeht. Versucht euch genau mit dem letzten Ton in eurem Haus niederzulassen.

Bei dieser Aufgabe schleichen viele Kinder am liebsten nur eng um ihr Haus herum, um ja früh genug mit dem letzten Ton wieder im Haus anzukommen. Diese Kinder müssen ermutigt werden, auch einmal „spannende und weite Spaziergänge" zu wagen. Je ausschweifender die „Spaziergänge" werden, desto glücklicher sind die Kinder, wenn sie es trotzdem schaffen, mit dem letzten Ton bei sich „zu Hause" anzukommen.

5. Erweiterungen und Veränderungen

Bei der Ausführung des Spielliedes wird man bemerken, daß es leicht geschieht, daß die singenden Kinder und das gehende Kind sich gegenseitig beeinflussen. Ein Kind, welches sehr schnell losgeht, kann zum Beispiel bewirken, daß auch schneller gesungen wird, oder umgekehrt kann man beobachten, daß das gehende Kind ebenfalls in langsames Schrittempo fällt, wenn die Gruppe spaßeshalber sehr langsam singt. Diese gegenseitige Beeinflussung kann spielerisch genutzt werden, indem

a) jedes zu begrüßende Kind wählen darf, wie es sich fortbewegen möchte, zum Beispiel: „Ich möchte laufen, schleichen, hopsen, drehen, kriechen, tanzen" oder ähnlich.
b) Die singenden Kinder, die die Bewegungsart für das sich bewegende Kind bestimmen, zum Beispiel: „Jetzt wird Fabian begrüßt, er soll laufen, schleichen, hopsen, drehen ..."
   Der Text des Liedes wird dann folgendermaßen verändert: „Habt ihr schon den Fabian gesehn? – Ja, wir sehn ihn laufen ..." (bzw. schleichen, hopsen, drehen, kriechen, tanzen)

Eine von den Kindern ebenfalls gern praktizierte Veränderung des Spielliedes besteht darin, daß man singt: „Habt ihr schon den Fabian gesehn? Ein Kunststück machen sehn, ein Kunststück machen sehn". Während die Kinder dieses singen, führt Fabian beziehungsweise das Kind, das gerade „besungen" wird, ein „Kunststück" vor, zum Beispiel: auf einem Bein stehen, eine Rolle machen, ganz hoch hopsen oder ähnliches. Auf den Schlußtext: „Ja, der Fabian ist da!" wird das „Kunststück" abgeschlossen, Fabian setzt sich zurück auf seinen Platz und mit der Wiederholung des Liedes ist das nächste Kind an der Reihe.

2. Morgengruß

Guten Morgen, liebe Nettra, bist du auch endlich wach?
Ja, dann grüßen wir dich herzlich mit Getose und Krach!

Guten Morgen, liebe Sara, bist du auch endlich da?
Dann bekommst du von uns allen ein ganz lautes Hurrah!

Guten Morgen lieber Pinne, na du schläfst ja noch fast.
Ja, dann grüßen wir ganz leise den verschlafenen Gast.

1. Zur Entstehung

Besonders am Morgen ist die Stimmung der sich im Kindergarten einfindenden Kinder sehr unterschiedlich.
Im Rahmen eines Gesprächs im Morgenkreis (siehe Lied 1) ergab es sich, daß die Kinder von sich zu berichten anfingen, wie jedes den Tag beginnt, ob es geweckt werden muß oder von alleine wach wird, ob es immer gleich hellwach oder zunächst noch müde ist, und wie es sich seine Umgebung und das Verhalten der Mitmenschen wünscht (z. B. bei der Morgenbegrüßung), um in seiner persönlichen Stimmung den Tag zu beginnen. In diesem Zusammenhang entstand das Lied „Guten Morgen, liebe Nettra".

2. Aufstellung und Verlauf

Die Anordnung eines Kreises (Morgenkreis) bietet sich an. Die Kinder können auch frei im Raum verteilt sitzen, zum Beispiel jedes Kind auf einem Kissen. Die Kinder werden der Reihe nach mit dem Lied begrüßt und können jeweils, bevor sie an der Reihe sind, selbst bestimmen, ob sie mit Getose und Krach (mit Handflächen auf den Boden schlagen), mit Hurra (Hurra rufen) oder durch leises Grüßen (leises Flüstern: „Bist du schon wach?) begrüßt und geweckt werden möchten.
Die anderen Kinder singen dann die entsprechende Strophe und erfüllen am Ende der Strophe den Wunsch durch die entsprechende Handlung.

3. Zur Vermittlung

Bevor der Erzieher jedes Kind nach seinem persönlichen Wunsch fragt, wie es gern von den anderen Kindern begrüßt und geweckt werden möchte, kann er gern noch einmal darauf hinweisen (vielleicht mit einem für alle bekannten krassen Beispiel), daß die Bedürfnisse der Kinder am Morgen in bezug auf die sie umgebende Lautstärke sehr unterschiedlich sind. Zum Beispiel: Nettra ist morgens meistens so hellwach, daß sie es liebt, wenn schon am Morgen auch die anderen Kinder herumtoben und möglichst viel Unruhe machen. Pinne hingegen hat es gern ruhig und gemütlich um sich herum, weil er ganz in Ruhe langsam wach werden möchte. Bei ihm geht das Aufwachen nämlich nicht so schnell.
Hat der Erzieher sodann nach dem jeweiligen Begrüßungswunsch gefragt, so muß er das Singen der sich ergebenden Strophe zunächst stark führen, bis den Kindern alle drei Strophen des Liedes gut vertraut sind. Auch muß der Erzieher zunächst die „Dirigentenrolle" übernehmen und die Krach-, Hurra- und leisen Weckphasen am Ende der gesungenen Strophen in ihrer Dauer und gegebenenfalls in ihrer Heftigkeit steuern.

4. Erweiterungen und Veränderungen

Wenn die Kinder alle drei Strophen sicher singen können, so ist es möglich, mit etwas älteren Kindern (ab fünf bis sechs Jahren) folgende Veränderung vorzunehmen:
Jedes Kind „dirigiert“ sich seine Strophe selbst, d. h., es zeigt den anderen Kindern mit Mimik, Gestik, Stimme und ganzkörperlicher Bewegung, welche der Strophen die Kinder singen sollen. Das „dirigierende“ Kind beginnt mit seinen Bewegungen und Lauten. Wenn die anderen Kinder verstanden haben, beginnen sie die jeweilige Strophe zu Singen.
Zum Beispiel: Heftige Bewegungen mit dem ganzen Körper, Trampeln und Schlagen auf den Boden. – Die Kinder singen die erste Strophe und machen am Ende ebenfalls Getose und Krach.
Hurra-Bewegungen mit den Armen, möglicherweise Hurra-Rufen. – Die Kinder singen die zweite Strophe und rufen am Ende ebenfalls „Hurra“.
Geräusch mit Finger vor dem Mund, Sich-klein-Machen, schleichende Bewegungen. – Die Kinder singen die dritte Strophe und wecken am Ende ebenfalls mit „Psst“ und leisen Bewegungen.

3. Pantomimelied

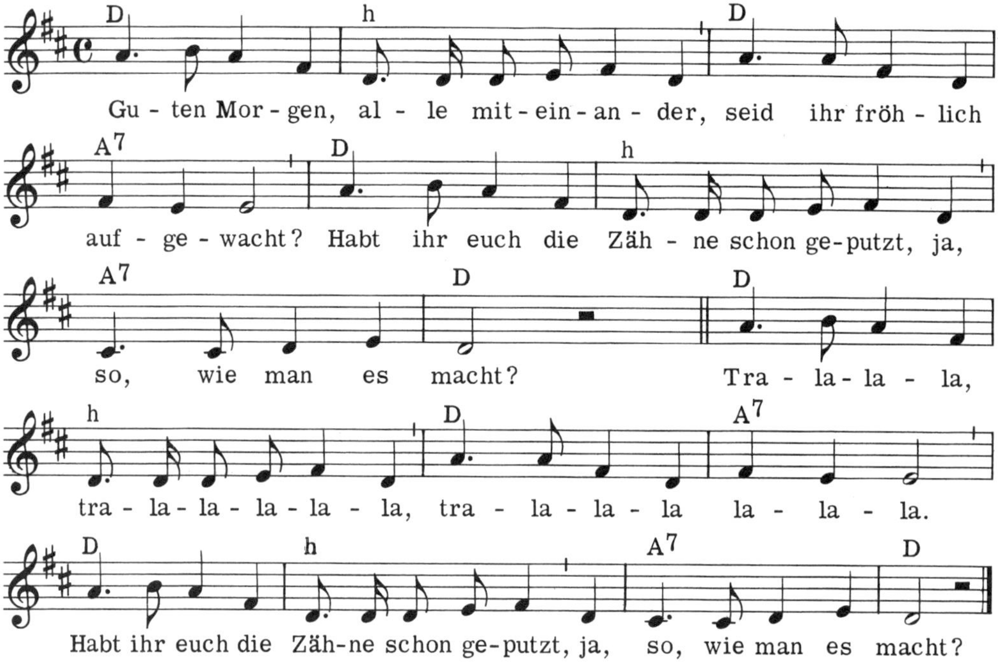

Guten Morgen alle miteinander, seid ihr fröhlich aufgewacht?
Habt ihr euch die Zähne schon geputzt, ja so, wie man es macht?
Habt ihr schon
– ganz tief und laut gegähnt, ja so, wie man es macht?
– gestreckt euch und geräkelt, so, wie man es macht?
– die Kleider angezogen, so, wie man es macht?
– die Haare euch gekämmt, ja so, wie man es macht?
– das Frühstück aufgegessen, so, wie man es macht?
Weitere Strophen können selbst hinzugefügt werden.

1. Zur Entstehung

Auch dieses Lied entstand im Zusammenhang von Gesprächen mit den Kindern (Morgenkreis), in denen es darum ging, daß jedes Kind versuchte, sich zu erinnern und zu berichten, was es schon alles am frühen Morgen getan hatte, bevor es in den Kindergarten kam.
Häufig wird den Kindern erst durch solche Gespräche bewußt, was sie tatsächlich schon alles erlebt haben, was alles erwähnenswert sein kann und wie viele Gemeinsamkeiten es auch schon in der Zeit gab, in der jedes Kind noch allein bei sich zu Hause war.
Aus dem „Zusammentragen" der vielen Morgenbeschäftigungen wurde ein „Pantomimenspiel", weil die Kinder ihnen gut bekannte Tätigkeiten gern pantomimisch darstellen.

2. Aufstellung und Verlauf

Die Kinder stehen im Kreis oder stehen im Raum verteilt.

3. Zur Vermittlung

Der Erzieher muß das Singen des Liedes stark anführen oder sich gar darauf einstellen, das Lied zunächst allein für die Kinder zu singen, damit sich diese auf die pantomimischen Darstellungen konzentrieren können.
Es ist sehr schwer für die Kinder, sogleich Singen und Darstellen zu verbinden. Mit der Zeit wird man merken, wenn Melodie und Text vertrauter sind, daß die Kinder immer größere Strecken des Liedes mitsingen und darüber die Bewegung und Darstellung nicht vergessen.
Auch wenn Kinder sehr gern bekannte Tätigkeiten pantomimisch darstellen, so fehlt ihnen doch häufig die Konzentration und Ausdauer, solche Darstellungen über längere Zeitdauer durchzuhalten. Um Raum und Ansporn für längeres Durchhalten der Pantomime zu geben, wird jede Strophe des Liedes auf „Trala" wiederholt. So hat auch der Erzieher mehr Zeit, durch Vor- und Mitmachen Differenzierungen in der pantomimischen Darstellung anzuregen.

4. Mögliche Vorübungen

Es bietet sich an, zunächst ein Ratespiel zu machen, in dem jedes Kind eine seiner morgendlichen Handlungen pantomimisch darstellt. Zum Beispiel: Aufwachen, Sich-Waschen, Sich-Kämmen, Sich-Abtrocknen, Sich -Anziehen, Zähneputzen usw.
Die zuschauenden Kinder sollen raten, welche Tätigkeit gemeint ist und diese dann nachahmen.
Dieses Spiel übt die pantomimische Darstellung zunächst noch ohne zeitliche Struktur, die später durch das Lied vorgegeben wird. Ferner macht es den Kindern die Menge der morgendlichen Handlungen be-

wußt und bringt sie auch durch Beobachtung der anderen Kinder auf Darstellungsideen.

5. Erweiterungen und Veränderungen

Der Text des Liedes kann folgendermaßen verändert werden, so daß sich ein einfaches Bewegungslied ergibt:
Guten Morgen alle miteinander, seid ihr fröhlich aufgewacht?
Seid ihr munter? Könnt ihr
- ganz schnell laufen,
- ganz hoch hüpfen,
- ganz schnell robben,
- ganz hübsch tanzen,
- ganz doll hampeln,
- ganz laut quaken,

und so fort.

4. Wochentage

Welchen Tag haben wir heute, welcher Tag mag es wohl sein?
Welchen Tag haben wir heute, nein, mir fällt es wirklich nicht ein!
Ist es etwa Montag? Nein!
Ist es etwa Dienstag? Nein!!
Ist es etwa Mittwoch? Nein!!!
Ist es etwa Donnerstag? Ja!!!!
Heut ist Donnerstag, klar! Weil gestern Mittwoch war.

1. Zur Entstehung

Die Frage: „Welchen Tag haben wir heute?“, ist im Kindergarten auch schon von sehr kleinen Kindern häufig zu vernehmen.
Die Kinder haben offenbar schon mehr oder weniger genaue Vorstellungen von bestimmten Ereignissen, die sich an bestimmten Tagen wiederholen (zum Beispiel: Montags kommt immer die Praktikantin,

dienstags komme ich meist zu spät, weil die Mutter nicht zur Arbeit geht, mittwochs wird geturnt, donnerstags holt einen immer die Großmutter ab, freitags kommt die Musiktante). Oft stellen die Kinder die Frage sogar häufiger am Tag, um sich selbst zu orientieren. Das Lied entstand, um diesem Orientierungswunsch der Kinder entgegenzukommen. Es dient ferner zur Einordnung der Wochentage in ihrer Reihenfolge (Was kommt vor Dienstag? Was kommt nach Dienstag?

2. Aufstellung und Verlauf

Das Lied ist ein „Wechselgespräch“, insofern sollte die Anordnung so sein, daß sich der fragende Erzieher und die antwortenden Kinder gegenseitig gut sehen können (Kreis oder frontal). Der Erzieher stellt sich unwissend und singt die Frage. Die Kinder antworten solange mit „Nein“, bis der richtige Tag genannt wird. Dann antworten sie mit „Ja“ und singen das Lied zu Ende.

3. Zur Vermittlung

Bei diesem Lied sollte eng beieinander gesessen werden, damit durch Augenkontakt des Fragenden von Kind zu Kind sich jedes Kind aufgefordert fühlt zu antworten.
Der Erzieher sollte versuchen, sich in die Rolle des dümmlichen, unwissenden Erwachsenen hineinzuspielen, der bei der Aussage: „Nein, mir fällt es wirklich nicht ein“, ziemlich hilflos dasteht und die Unterstützung der Kinder unbedingt benötigt. Den Kindern macht es meistens viel Spaß, den unwissenden Erwachsenen zu belehren, auch wenn sie das Spiel sofort durchschauen.
Das Lied muß von dem Erzieher sehr frei und sicher beherrscht werden, damit er beim Singen auch noch ein wenig schauspielern kann.
Die Antwort der Kinder: „Heut ist Mittwoch, klar, weil gestern Dienstag war“ muß von dem Erzieher zunächst stark mitgesungen und geführt weden, bis die Kinder das Lied selbst sicher beherrschen.

4. Mögliche Vorübungen

Bei diesem Lied kann es leicht sein, daß die älteren, sich im Wochenablauf schon genau orientierenden Kinder das Antworten anführen, und sich die kleineren, unorientierten Kinder einfach nur den Antworten anschließen.
Will man dieses vermeiden, so muß man vorher durch Gespräche oder Spiele dafür sorgen, daß sich alle Kinder über den derzeitigen Wochentag im klaren sind und die Reihenfolge der Wochentage kennen. Die Reihenfolge der Wochentage und das Einordnen, zum Beispiel Donnerstag kommt nach Mittwoch und vor Freitag, kann mit folgendem Spiel geübt werden:

Die Kinder stehen im Kreis. Jedem Kind wird ein Wochentag zugeordnet. Gibt es mehr als sieben Kinder, so muß man eben zwei Montage, zwei Dienstage oder ähnlich bestimmen. Der Montag tritt in den Kreis. Die anderen Kinder gehen im Kreis um ihn herum und singen:

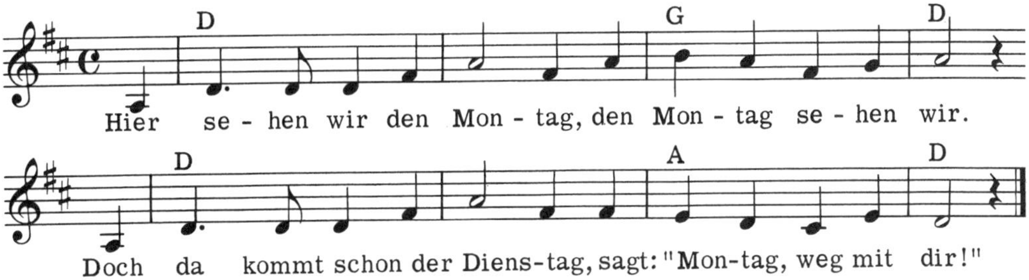

Auf den Text: „Doch da kommt schon der Dienstag“, tritt der Dienstag in den Kreis und verscheucht den Montag, indem er sagt: „Montag, weg mit dir!“ Der Montag reiht sich wieder ein und gehört nun wieder zum gehenden, singenden Kreis. Nun wird gesungen: „Hier sehen wir den Dienstag“ ...

5. Erweiterungen und Veränderungen

Der Text des Liedes kann für ältere Kinder folgendermaßen verändert werden:
„Sagt mir, welchen Monat wir haben, sagt mir welcher Monat es ist,
sagt mir, welchen Monat wir haben, sagt mir's bitte, wenn ihr es wißt!
Ist es etwa Januar?“ usw. Weiter:
„Ja, es ist der Januar, und das ist wahr.“
„Ja, es ist der Februar, und das ist wahr.“
„Ja, es ist der März, der März, und das ist wahr.“
„Ja, es ist April, April, und das ist wahr.“
„Ja, es ist der Mai, der Mai, und das ist wahr.“
„Ja, es ist der Juni da, und das ist wahr.“
„Ja, es ist der Juli da, und das ist wahr.“
„Ja, es ist August, August, und das ist wahr.“
„Ja, es ist September da, und das ist wahr.“
„Ja, es ist Oktober da, und das ist wahr.“
„Ja, es ist November da, und das ist wahr.“
„Ja, es ist Dezember da, und das ist wahr.“

5. Aufwachen

Bin ich am Morgen aufgewacht,
hab' meine Augen aufgemacht,
grüß' meine Eltern und den Tag,
rat mal, was ich dann sag:
– Guten Tag! Guten Tag! Guten Tag!
– Salam, Salam, Salam!
– Bon jour, bon jour, bon jour!

1. Zur Entstehung

In fast allen Kindergartengruppen gibt es ausländische Kinder, die in ihrer häuslichen Situation weiterhin ihre eigene Sprache sprechen. Für diese Kinder ist es wichtig, daß die anderen Kinder ein gewisses Interesse für die fremde Sprache aufbringen.
Meistens ist das Interesse, wenigstens das eine oder andere Wort in der fremden Sprache der Spielkameraden zu lernen, ohnehin bei vielen Kindern vorhanden oder aber sehr leicht zu wecken.
Um diesen Bedürfnissen nachzukommen, einerseits seine fremde Sprache im Kindergarten einzubringen und andererseits wenigstens ein Wort in einer fremden Sprache kennenzulernen, entstand das Lied.

2. Aufstellung und Verlauf

Die Kinder sollen so sitzen oder stehen, daß sie sich gegenseitig gut sehen können. Ein Kind ist bei jeder Strophe an der Reihe, bezieht also das „Ich" (Liedtext) auf sich. Dieses Kind sollte von den anderen Kindern, die alle das Lied mitsingen, angesehen werden. Das Ansehen geschieht meist automatisch, wenn allen Kindern deutlich gemacht wird, welches Kind gerade an der Reihe ist. Dieses Kind kann sodann das Begrüßungswort am Ende der Strophe in seiner Sprache entweder alleine singen oder, wenn die anderen Kinder das Wort schon gelernt haben, können sie es auch mitsingen.
Möglichst alle Kinder sollten einmal an der Reihe sein, auch wenn sich dadurch bestimmte Grußworte (sicherlich der Gruß „Guten Tag") häufig wiederholen.

3. Zur Vermittlung

Der Erzieher muß die Führung des Liedes insofern übernehmen, als er jeweils jedes Kind, bevor es an der Reihe ist, fragt, wie es morgens zu Hause begrüßt wird. Die Aufmerksamkeit aller Kinder richtet sich so auf das gefragte Kind, das dann auch weiterhin im Mittelpunkt steht, wenn unmittelbar nach Beantwortung der Frage das Lied für dieses Kind angestimmt wird.
Um das Lied spielerischer zu gestalten, kann man den Liedtext durch folgende Bewegungen begleiten: Auf: „Bin ich am Morgen aufgewacht", recken, strecken und dehnen sich die Kinder. Auf: „... hab' meine Augen aufgemacht", werden die Augen weit geöffnet und dieses Öffnen gestisch verstärkt, indem man zum Beispiel die Fäuste vor die Augen hält, die Hände nun weit öffnet und die Finger spreizt, so daß Handflächen und Finger die geöffneten Augen darstellen. Auf „... grüß' meine Eltern und den Tag", wird ein Arm zum Winken und Grüßen hin- und hergeschwenkt.

4. Mögliche Vorübungen

Die Kinder können zunächst in einem Gespräch aufgefordert werden, zu erzählen, wie und mit welchen Worten ihre Eltern sie am Morgen begrüßen.
Die Morgengrüße in allen in der Gruppe vertretenen Sprachen können darauf von allen Kindern nachgesprochen und geübt werden, zunächst noch unabhängig vom Lied. Um ein häufiges Üben des gleichen Grußes interessant zu erhalten, kann dieser zum Beispiel schläfrig, fröhlich, traurig, schüchtern, geheimnisvoll, wütend oder ähnlich nachgesprochen werden.
Für dieses spielerische Üben stellt der Erzieher die Frage, wie es wohl klingen mag, wenn man morgens ganz schläfrig, fröhlich, traurig usw. begrüßt wird. Dieses Unterlegen von Emotionen beim Sprechen von gleichen Wörtern bringt den Kindern immer viel Spaß, wenn der Erzieher es beim Vor- und Mitmachen wagt, gern ein wenig übertrieben zu schauspielern, um die Kinder zum Mitmachen zu animieren.

5. Erweiterungen und Veränderungen

Wenn das Lied vertraut geworden ist, können Kinder, die dies wünschen, es auch alleine singen. Alle anderen Kinder „fallen" dann erst beim Grußwort ein. Dabei kann – ebenfalls nur, wenn bestimmte Kinder es wollen – für diese eine kleine Vortragssituation geschaffen werden, indem das solosingende Kind deutlich aus der Gruppe herausgehoben wird. Dieses zum Beispiel, indem es sich neben das Klavier stellt und von dort aus mit Blick auf die zuhörenden Kinder das Lied vorträgt.

6. Macht einen Kreis

Strophen zur Verhaltensanweisung:

1. Macht einen Kreis und zeigt all'n, jetzt sind wir da …
2. Nun seid ganz still und …
3. Setzt euch zu Boden und …

Strophen zur Bewegungsanleitung:

4. Trampelt mit den Füßen und … Klatscht mit den Händen
5. Schlackert mit den Armen und … streckt eure Beine
6. Zuckt mit den Achseln und …
7. Wackelt mit dem Hintern …

Strophen zum Einbringen von Bewegungsvorschlägen einzelner Kinder:

8. Hopst so, wie Lisi, und …
9. Krabbelt so, wie Paule, und …
10. Hinkt wie Alina und …

Strophen zum Einbringen von Grimassen, Gesten oder „Kunststücken" einzelner Kinder:

11. Macht so, wie Kira, und …
12. Macht so, wie Hedi, und …
13. Macht so, wie Anton, und …

1. Zur Entstehung

Das Lied entstand in seiner ersten Strophe („Macht einen Kreis und ...“) als eine Art Lockruf, um alle Kinder in den Kreis zu rufen, weg von ihren eigenen Beschäftigungen an irgendeinem Ort im Kindergarten.
Es wurde mit der Zeit als Signal verstanden, das den Kindern den Beginn gemeinsamer Aktionen ankündigte, zum Beispiel den Morgenkreis, die Musikstunde oder die Turn- und Bewegungsstunde.

2. Aufstellung und Verlauf

Die Kinder werden durch das Singen herbeigerufen. Haben sie sich gesammelt und zu einem Kreis zusammengefunden, so wählt der Erzieher bestimmte Strophen des Liedes, abhängig vom jeweiligen Vorhaben, und stimmt sie deutlich an.

3. Zur Vermittlung

Der Erzieher muß bei diesem Lied die deutliche Rolle des Anweisenden (siehe Strophen 1 bis 7) oder des Auffordernden (siehe Strophen 8 bis 13) übernehmen. Dabei muß ihm die Funktion klar sein, die das Lied in der jeweiligen Situation haben soll.
Will er die Kinder sammeln und der Gruppe bestimmte Verhaltensanweisungen geben? (zum Beispiel Strophen 1 bis 3)
Will er zur körperlichen Auflockerung, zum Beispiel zu Beginn einer Musik- und Bewegungsstunde, ganz gezielte Bewegungsanweisungen geben? (Strophen 4 bis 7)
Sollen die Kinder aufgefordert werden, eigene Bewegungsvorschläge einzubringen? (Strophen 8 bis 10)
Sollen die Kinder aufgefordert werden, Eigenarten wie Grimassen, Gesten oder verrückte Kunststücke einzubringen? (Strophen 11 bis 13)
Natürlich kann das Lied solange gespielt und gesungen werden, daß es mehrere Funktionen durchläuft. Der Erzieher muß den Beginn jeder Strophe alleine und sehr deutlich anführen, dabei auffordernd und sicher singen, damit die Kinder die vorgegebenen Anweisungen verstehen und sich zum Mitmachen angeregt fühlen.
Zunächst wird es wieder so sein, daß der Erzieher das Lied nicht nur alleine anstimmt, sondern es auch weitgehend alleine für die Kinder vorsingt, die mit dem Ausführen der Anweisungen beschäftigt sein werden.
Erst wenn das Lied häufig gesungen und gespielt wurde, werden die Kinder immer rascher, sobald sie die Anweisungen verstanden haben, beim Singen mit einstimmen, ohne darüber das Ausführen der vorgegebenen Anweisungen zu vergessen.

4. Mögliche Vorübungen

Wird dieses Lied mit Kindern gespielt, die nicht gewohnt sind, Bewegungen, Gesten oder Grimassen vorzumachen oder von anderen zu übernehmen, so sollte dieses vorab, unabhängig vom Lied, geübt werden. Man kann die Kinder zum Beispiel fragen, welche Grimasse, welches Kunststück oder welche Albernheit sie ganz besonders gut können und gerne vorführen wollen. Jedes Kind darf zunächst für sich ausprobieren und dann seine „Besonderheit“ vormachen. Die anderen Kinder versuchen, diese dann möglichst genau zu imitieren.

5. Erweiterungen und Veränderungen

Das Übernehmen von Bewegungsvorschlägen kann man mit älteren Kindern (ab fünf Jahren) mit folgendem Gruppenspiel üben: Jedes Kind geht seinen eigenen Weg im Raum, ohne daß man sich gegenseitig anstößt. Ohne Absprache und Ansage macht irgendein Kind irgendwann einen Bewegungsvorschlag, den alle Kinder möglichst genau übernehmen (zum Beispiel hopsen, beim Gehen mit den Armen kreisen, hinken, drehen oder ähnliches).

Erst wenn die ganze Gruppe diese neue Bewegung ausführt, kann sich ein weiteres Kind dazu entschließen, einen neuen Bewegungsvorschlag einzubringen, der dann wiederum von der gesamten Gruppe übernommen wird, und so fort.

Dieses Spiel ist insofern eine Erweiterung und erst für ältere Kinder geeignet, als nicht nur das Nachahmen von Bewegungsvorschlägen gefordert wird, sondern ebenfalls das gleichzeitige Beobachten der gesamten Gruppe (ob alle bei der gleichen Bewegung sind), die Eigeninitiative (sich selbst zu entschließen, zu einem bestimmten Zeitpunkt einen bestimmten Vorschlag einzubringen) und die Rücksichtnahme (falls zwei Kinder im gleichen Moment auf die Idee kommen, einen Vorschlag einzubringen, so muß sich ein Kind zurücknehmen).

7. Guten Tag

Guten Tag, was liegt hier heute an,
liegt hier heute an, liegt hier heute an?
Zeig uns Fabi, was man machen kann,
was man machen kann!
Tra la la la, tra la la la la la la,
tra la la la la, tra la la la la la la,
tra la la la la, tra la la la la la la.
Danke, jetzt ist der nächste dran.

Anmerkung:
In Süddeutschland kann man den Text verändern, zum Beispiel:
Zeig uns „*Name*“, was machen wir denn bloß,
was machen wir denn bloß?
Auch die Namen der Kinder können entsprechend verändert werden.

1. Zur Entstehung

Fragen wie: „Was machen wir heute?“ oder: „Was können wir jetzt mal spielen“, ist im Kindergarten häufig zu hören. Meistens wünschen sich die Kinder damit, zu erfahren, was die Erzieher vorhaben (zum Beispiel: „Wir gehen in den Park“, „Wir werden heute kneten“, „Jetzt lesen wir gleich vor“).
Das Lied greift spielerisch den Wunsch auf, zu wissen, was man gemeinsam machen wird, läßt die Frage jedoch nicht von den Erziehern beantworten, sondern von den Kindern selbst. So erleben die Kinder im Spiel, daß nicht nur die „großen“ Programmpunkte der Erzieher, sondern auch sehr kleine Vorschläge und von einem selbst eingebrachte Ideen zum gemeinsamen Tun führen können.

2. Aufstellung und Verlauf

Die Kinder sitzen oder stehen. Es bietet sich die Kreisform an oder aber eine Verteilung im Raum, bei der alle einander möglichst gut sehen können. Jeweils ein Kind wird singend aufgefordert, einen Vorschlag zur Beschäftigung der Gruppe vorzumachen (z.B. auf einem Bein stehen, eine Rolle machen, eine Grimasse ziehen, sich die Haare raufen, schnell losrennen).
Wurde vom aufgeforderten Kind eine Idee vorgemacht, so setzt man den zweiten Teil des Liedes auf „Tra la“ fort, und alle Kinder imitieren dabei den eingebrachten Vorschlag.
Mit dem Text: „Danke, jetzt ist der nächste dran“, wird die jeweilige Handlung abgeschlossen. Hat man zu Beginn des Liedes gesessen, so setzt man sich jetzt auch wieder. Das Lied beginnt von vorne, nun wird ein nächstes Kind aufgefordert, seine Idee einzubringen, und so fort.

3. Zur Vermittlung

Der Erzieher muß das Lied insofern führen, als daß er an der Textstelle: „Zeig uns (Name), was man machen kann“, für alle Kinder gut vernehmbar den Namen des Kindes singt, das aufgefordert wird, seinen Vorschlag einzubringen. Das deutliche Namensingen sollte durch ein ebenso deutliches Ansehen des betreffenden Kindes verstärkt werden. Will man dieses Führen durch den Erwachsenen vermeiden, jeweils ein

Kind zum Vormachen aufzufordern, so muß man vorher genau die Reihenfolge festlegen, nach der die Kinder ihre Vorschläge einbringen dürfen. Dieses ist für kleinere Kinder meist einfacher, weil diese sich besser auf ihr „Dran-Sein" einstellen können, während sie sich bei plötzlicher Aufforderung leicht überrumpelt fühlen.
Wie bei jedem Bewegungslied besteht auch bei diesem Lied die Schwierigkeit für die Kinder darin, sowohl mitzusingen, als auch gleichzeitig sich zum Singen zu bewegen. Damit sich dieses nicht auch noch durch viel Liedtext verkompliziert, wird der „Bewegungsteil" des Liedes nur auf „Tra la" gesungen. Trotzdem muß der Erzieher sich auf häufiges Alleinsingen (für die Kinder singen) einstellen und den Kindern viel Zeit lassen, die Gleichzeitigkeit von Singen und Bewegen zu bewältigen.

4. Mögliche Vorübungen

Bei kleineren und bei ungeübten Kindern sollte man vorab dafür sorgen, daß bei der Aufforderung: „Zeig uns, Fabi, was man machen kann", Fabi möglichst auch etwas „zum Zeigen" einfällt. Insofern ist es hilfreich, wenn man das Vor- und Nachmachen von Gesten, Bewegungsvorschlägen oder Grimassen schon vorher etwas geübt hat. (Siehe dazu auch Lied 6 unter Punkt 4.) Beim Spiel des Liedes kann dann jedes Kind entweder auf eigene, vorher ausprobierte Ideen zurückgreifen oder auf Ideen, die es durch andere Kinder kennengelernt hat.

Um die Kinder durch häufiges Hören des Liedes mit dessen längerer Melodieführung und Zweiteiligkeit vertraut zu machen, kann man beispielsweise folgende Übungen wählen (der Erzieher muß hierfür allerdings die Melodie des Liedes auf irgendeinem Instrument spielen können):

Jedes Kind „schläft" in seinem „Haus". Das Haus ist ein selbstgewählter, für das Kind wiedererkennbarer Platz im Raum (siehe dazu Lied 1, Punkt 4).

a) Die Kinder „schlafen" in ihrem Haus, das Lied wird ihnen als „Schlafmelodie" vorgespielt.
b) Die Kinder „schlafen" in ihrem Haus, das Lied wird ihnen als „Weckmelodie" vorgespielt, d. h. spätestens mit dem letzten Ton erheben sich alle Kinder, dehnen, recken und strecken sich.
c) Den Kindern wird gesagt, daß das Lied aus zwei Teilen (a und b) besteht: Die Kinder „schlafen" in ihrem Haus, im „Schlaf" heben die Kinder den Arm, wenn der zweite Teil beginnt.

d) Den Kindern wird gesagt, nur der erste Teil des Liedes sei ein Schlaflied: Die Kinder „schlafen", solange sie den ersten Teil des Liedes hören; wenn der zweite Teil beginnt, setzen sich die Kinder auf und klatschen diesen Teil mit.

e) Haben die Kinder schon ein Gefühl für die Zeitdauer des zweiten Teils entwickelt, so kann man die Teile a und b unterschiedlich gestalten. Zum Beispiel:
Teil a, die Kinder sitzen im Haus; Teil b, die Kinder gehen zwischen den Häusern spazieren und kehren mit dem Schluß von Teil b zu ihrem Haus zurück und lassen sich in ihm wieder nieder.
Teil a wird zwischen den Häusern gegangen, Teil b wird im Haus sitzend mitgeklatscht.
Teil a wird im Haus (zum Beispiel tanzend, hopsend, winkend) verbracht, Teil b wird zwischen den Häusern gegangen.
(Siehe dazu auch Lied 1, Mögliche Vorübungen.)

8. Zu spät kommen

Spät kommst du hierher, war der Weg für dich sehr schwer?
O ja, O ja!!
– Meine Mutter bummelt sehr …
– Mein Vater bummelt sehr …
– Ich bummelte so sehr …
– Das Auto fuhr nicht mehr …
– Das Fahrrad fuhr nicht mehr …
– Die U-Bahn bummelt sehr …
– Ich lieb' mein Bett so sehr …

1. Zur Entstehung

Ein freundliches Empfangen auch zu spät kommender Kinder im Kindergarten ist unbedingt notwendig, denn die Kinder selbst können für Unpünktlichkeit noch keine Verantwortung übernehmen.
Haben sie schon in der Frühe Eile und Ungeduld erlebt, die so oft bei Zeitmangel aufkommen, so sind die Kinder bei verspäteter Ankunft im Kindergarten häufig nicht mehr besonders guter Stimmung. Um solche Situationen freundlich zu entschärfen und um das zu spät kommende Kind in die schon anwesende Gemeinschaft zu integrieren, kann das Lied entweder von allen für das betreffende Kind gesungen werden, es kann aber auch mit diesem zusammen gesungen werden, wenn es schon zum Singen bereit ist.

2. Aufstellung und Verlauf

Es ist keine bestimmte Aufstellung erforderlich. Es genügt jede spontan sich ergebende Gruppenformation, nach Möglichkeit mit Blickkontakt zum angesungenen Kind.

3. Zur Vermittlung

Möglicherweise ahnt oder weiß der Erzieher den Grund des Zuspätkommens. Es ist nun seine Aufgabe, zu entscheiden, was der Situation angemessen und für das Kind am besten ist.
Mag das Kind überhaupt ein Lied über das Zuspätkommen hören?
Möchte das Kind möglicherweise erst einmal erzählen, weshalb es zu spät gekommen ist, oder möchte es vielleicht überhaupt nicht mehr darüber reden?
Möchte das Kind hinterher erzählen, weshalb es zu spät gekommen ist?
Soll sich die ausgesuchte Strophe auf die vom Kind erlebte Situation beziehen?
Soll sich die ausgesuchte Strophe gerade nicht auf die vom Kind erlebte Situation beziehen, sondern spaßhaft über die vielen anderen Möglichkeiten berichten, weshalb man sonst noch zu spät kommen könnte.

9. Auf dem Weg

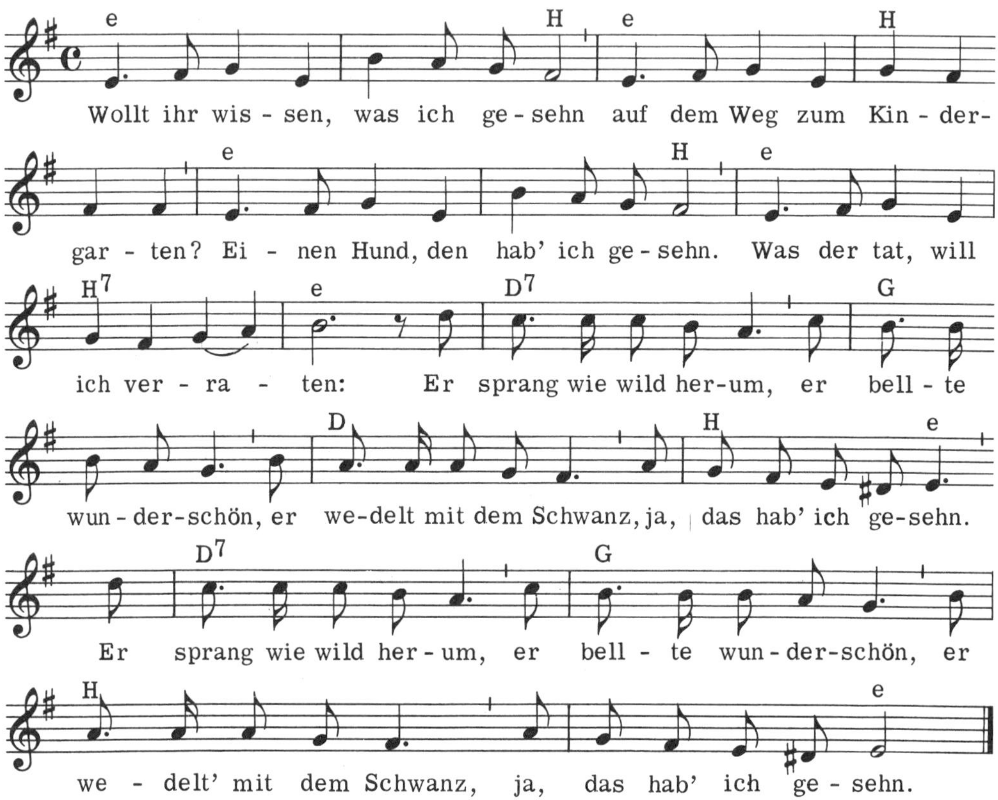

1. Wollt ihr wissen, was ich gesehn,
auf dem Weg zum Kindergarten?
Einen Hund, den hab' ich gesehn.
Was der tat, will ich verraten:
Er sprang wie wild herum,
er bellte wunderschön,
er wedelt' mit dem Schwanz,
ja, das hab' ich gesehn.

2. Wollt ihr wissen, was ich gesehn,
auf dem Weg zum Kindergarten?
Einen Vogel hab' ich gesehn.
Was der tat, will ich verraten:
Er flog sehr stolz daher,
er piepste, wunderschön,
er plusterte sich auf,
ja, das hab' ich gesehn.

3. Wollt ihr wissen, was ich gesehn,
auf dem Weg zum Kindergarten?
Einen Mann, den hab' ich gesehn.
Was der tat, will ich verraten:
Er ging ganz furchtbar schnell,
er grüßte wunderschön,
er stolperte dreimal,
ja, das hab' ich gesehn.

4. Wollt ihr wissen, was ich gesehn,
auf dem Weg zum Kindergarten?
Eine Katze hab' ich gesehn.
Was die tat, will ich verraten:
Sie putzte sich ihr Fell,
miaute wunderschön,
ein' Buckel machte sie,
ja, das hab' ich gesehn.

1. Zur Entstehung

Das Lied entspricht dem Wunsch von Kindern, typische Merkmale von Menschen, Tieren oder auch von Dingen spielerisch, pantomimisch darzustellen.
Auch diesem Lied ging ein Gespräch und Spiel voraus, wobei die Kinder sich zu erinnern versuchten, ob ihnen auf dem Weg zum Kindergarten ein Tier, ein Mensch oder Ding begegnet war, dessen Eigenschaften und Handlungen sie pantomimisch nachzuspielen vermochten.

2. Aufstellung und Verlauf

Es bietet sich die Kreisform (Morgenkreis) an, bei der die singenden Kinder sitzen. Die Rollen (Hund, Vogel, Mann, Katze) werden an bestimmte Kinder verteilt. Bei der Textstelle: „Einen Hund (eine Katze), den hab' ich gesehn", erfährt das entsprechende Kind, daß es an der Reihe ist, erhebt sich auf den Text „will ich verraten", kommt in den Kreis hinein und spielt dort den Hund (die Katze, den Vogel, den Mann) mit den im Liedtext genannten Eigenschaften und Handlungen.

3. Zur Vermittlung

Das Lied kann so gesehen werden, daß ein reiner Erzählteil (Takt 1 bis 8 und Takt 17) den erzählenden Bewegungsteil (Takt 10 bis 16) umgibt. Takt 9 wäre dann der Überleitungstakt vom Erzählteil zum Bewegungsteil.

Der Erzieher muß zunächst das Lied alleine für die Kinder singen, die alle zusammen die im Text jeweils genannte Rolle (Hund, Vogel, Mann, Katze) übernehmen. Und zwar singt der Erzieher den Erzählteil. Hierbei sitzen die Kinder am Boden und hören zu. Auf: „will ich verraten“, erheben sich die Kinder und schlüpfen in die genannte Rolle. Auf: „ja, das hab' ich gesehen“, verlassen sie ihre Rolle wieder und setzen sich zu Boden dort, wo sie gerade sind.

In dieser Phase des Umgangs mit dem Lied (alle übernehmen noch gemeinsam die genannten Rollen) ist es noch nicht notwendig, daß die Kinder die den Rollen zugeordneten Handlungen genau parallel darstellen zu deren Erwähnung im Liedtext.

Die Kinder können zum Beispiel gern über den ganzen Bewegungsteil den Hund nur bellen, den Vogel nur stolz fliegen, den Mann nur freundlich grüßen, die Katze sich nur putzen lasssen. Allerdings sollten die Kinder dazu ermutigt werden, bei wiederholtem Singen der gleichen Strophe auch einmal eine andere der erwähnten Handlungen auszuprobieren. Hat man das Lied in dieser Form mehrfach gespielt, so wird man feststellen, daß die ersten Kinder anfangen mitzusingen. Nun kann man das Lied mit den Kindern gemeinsam singen und nur einzelnen Kindern die in der Strophe genannte Rolle übergeben.

4. Mögliche Vorübungen

Die Kinder und der Erzieher bewegen sich gemeinsam im Raum. Der Erzieher sagt die einzelnen Rollen an und animiert die Kinder, in den Rollen nacheinander die verschiedenen Handlungen auszuprobieren: *als Vogel* stolz fliegen, piepsen, sich aufplustern; *als Hund* wild herumspringen, bellen, mit dem Schwanz wedeln; *als Katze* sich putzen, miauen, einen Buckel machen; *als Mann* schnell gehen, freundlich grüßen und dreimal stolpern.

Darauf kann dann folgendes Ratespiel gespielt werden: Ein Kind kauert mit dem Gesicht zum Boden und rundem Rücken in der Mitte der anderen Kinder. Alle anderen Kinder sprechen: „Hund, Mann, Vogel, Katze, was bist du? Komm doch hoch und zeig es! Wir sehn zu.“

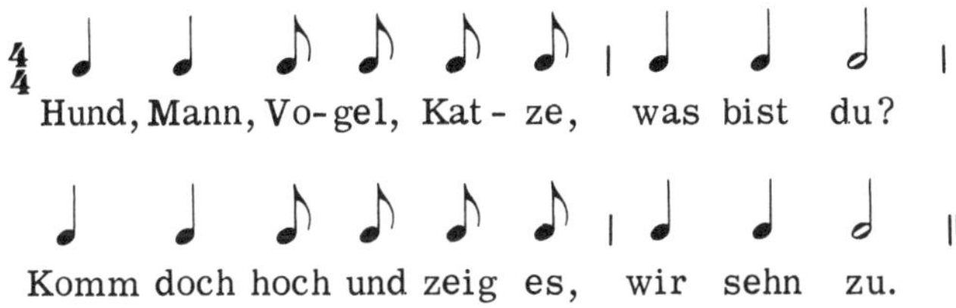

Bei diesem Weckspruch erhebt sich das in der Mitte kauernde Kind, schlüpft deutlich in eine der vorher geübten Rollen, und die anderen Kinder müssen raten. Zum Beispiel: „Du bist die Katze, die sich putzt“, usw.

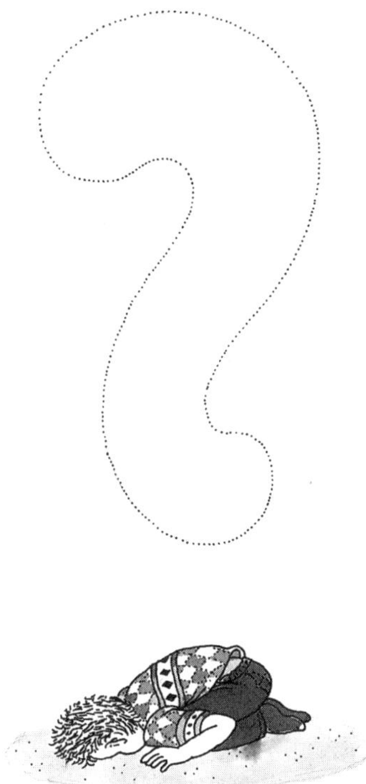

10. Die eilige Mutter

1. Meine Mutter ist oft eilig, sagt auch, ich soll dalli sein,
   findet mich viel zu langweilig, doch dann fällt ihr plötzlich ein:
   Ganz, ganz kurz, nur eben schnell schnell, muß noch dies und jenes sein,
   ganz, ganz kurz, nur eben schnell schnell, muß noch dies und jenes sein.
   Und ich warte, warte, warte, bis ich nicht mehr warten mag.
   Nie mehr werd' ich mich beeilen, aber schon am nächsten Tag:

2. Wieder ist die Mutter eilig ...

Letzte Strophe:
Diesmal gibt's kein' nächsten Tag!

1. Zur Entstehung

Alle Kinder kennen sowohl die Situation, daß sie wiederholt aufgefordert werden, sich doch bitte zu beeilen, als auch die Situation, daß sie auf die Erwachsenen warten müssen, denen plötzlich einfällt, noch eben schnell dieses und jenes erledigen zu müssen.
Weil solche Situationen häufig in den morgendlichen „Aufbruchsituationen" vorkommen, steht das Lied bei den Morgenliedern.

2. Aufstellung und Verlauf

Die Kinder knien im Kreis hinter ihren Stühlen. Die Stühle dienen als Schlaginstrumente, indem die Stuhlflächen den Kindern zugewandt stehen und ihnen eine Schlagfläche bieten. Die Kinder begleiten sich, während sie das Lied singen, auf ihren Schlaginstrumenten.

3. Zur Vermittlung

Das Lied sollte man erst einmal als rhythmische Sprechübung benutzen, ohne zunächst die Melodie mitzusingen. Den ersten Teil des Liedes (Takt 1 bis 8) kennzeichnen schnell aufeinanderfolgende Wortsilben (vorwiegend Achtelnoten), der zweite Teil hingegen (Takt 9 bis 16) hat halb so schnell aufeinanderfolgende Wortsilben (vorwiegend Viertelnoten).
Der Reiz des Liedes und der aus ihm abzuleitenden Sprechübungen besteht im Wechsel von schnellen und langsamen Teilen. Diese kann man akustisch auch noch voneinander trennen, indem man sie unterschiedlich begleiten läßt. Takt 1 bis 8 mit Schlägen der ausgestreckten Zeigefinger auf den Rand, Takt 9 bis 16 mit Schlägen der Handflächen auf die Mitte der Stuhlsitzflächen.
Die Kinder spielen und sprechen dazu:

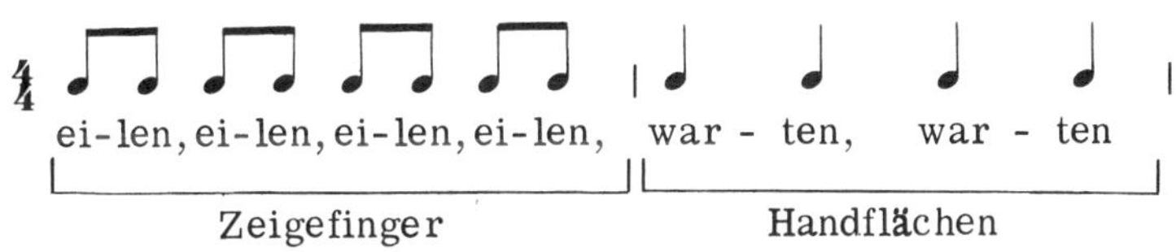

Dieses kann auch im Kanon gespielt werden, d.h., die Gruppe 1 spielt: eilen, eilen ...; Gruppe 2 spielt: warten, warten.

Sich auf den Stühlen begleitend werden jetzt immer längere Textstrekken vor- und nachgesprochen. Dabei wird das schnelle und trotzdem deutliche Sprechen geübt:

1. Meine Mutter ist oft eilig, sagt auch, ich soll dalli sein.
2. Meine Mutter ist oft eilig, sagt auch, ich soll dalli sein, findet mich viel zu langweilig.
3. Meine Mutter ist oft eilig, sagt auch, ich soll dalli sein, findet mich viel zu langweilig, doch da fällt ihr plötzlich ein.
4. Ganz, ganz kurz, nur eben schnell schnell.
5. Ganz, ganz kurz, nur eben schnell schnell, muß noch dies und jenes sein.

Der Erzieher spricht die Sprechstrecken jeweils sehr deutlich, eher etwas übertrieben deutlich vor. Wenn die Kinder die schnellen Textstrecken sprechen können, so kann man Teile von schnell gesprochenen und Teile von langsam gesprochenen Textstrecken verbinden. Die rhythmischen Übungen dazu können zum Beispiel folgendermaßen aussehen:

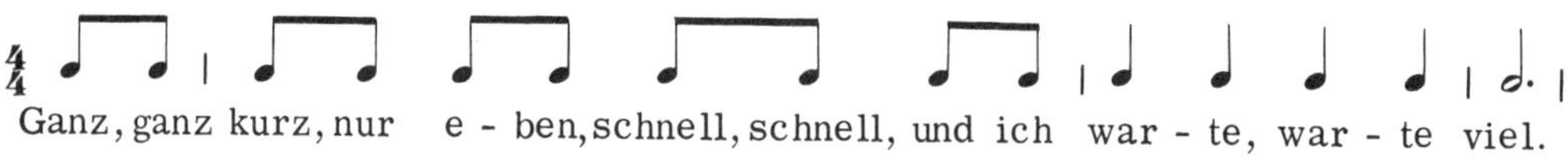

Erst nach diesen oder ähnlichen Vorübungen, die besonders die schnell gesprochenen Textstrecken üben, sollte man die Melodie einführen. Jetzt wird das Lied im ganzen durchgesungen, während sich die Kinder auf den Stühlen begleiten (Takt 1 bis 8: Achtelschläge mit ausgestreckten Zeigefingern auf den Rand der Sitzfläche, Takt 9 bis 16: Viertelschläge mit den Handflächen auf die Mitte der Sitzfläche).

4. Mögliche Vorübungen

Das Wechseln von schnell zu langsam, von langsam zu schnell kann folgendermaßen vorgeübt werden. Ein Kind steht in der Mitte der Kinder oder frontal vor den anderen Kindern und spielt den „Dirigenten“. Die anderen Kinder hocken in oben beschriebener Weise hinter ihren Stuhlsitzflächen. Das „Dirigentenkind“ zeigt durch große waagerechte Bewegungen des Arms, wenn die anderen Kinder langsam spielen sollen (mit den Handflächen in der Mitte der Stuhlsitzfläche).

Es zeigt durch kleine senkrechte Bewegungen beider Unterarme, wenn die Kinder schnell spielen sollen (mit den ausgestreckten Zeigefingern auf den Sitzflächenrand).
Je nach Vermögen des „Dirigentenkindes“ kann dieses nun anzeigen, ob einzelne Kinder oder bestimmte Gruppen schnell oder langsam spielen sollen, ob die eine Hälfte der Gruppe schnell, die andere Hälfte langsam spielen soll und ähnlich.
Auch innerhalb der Tempi (schnell und langsam) kann man versuchen, durch deutliche Armbewegungen zu differenzieren. Dafür muß das „Dirigentenkind“ (oder auch zunächst die ganze Gruppe) schneller und langsamer werdende Waagerechtbewegungen eines Arms üben und schneller und langsamer werdende Senkrechtbewegungen beider Unterarme. Dieses zum Beispiel, indem der Erzieher auf einem Schlaginstrument schneller und langsamer werdend spielt und sich von den Bewegungen der Kinder begleiten läßt.

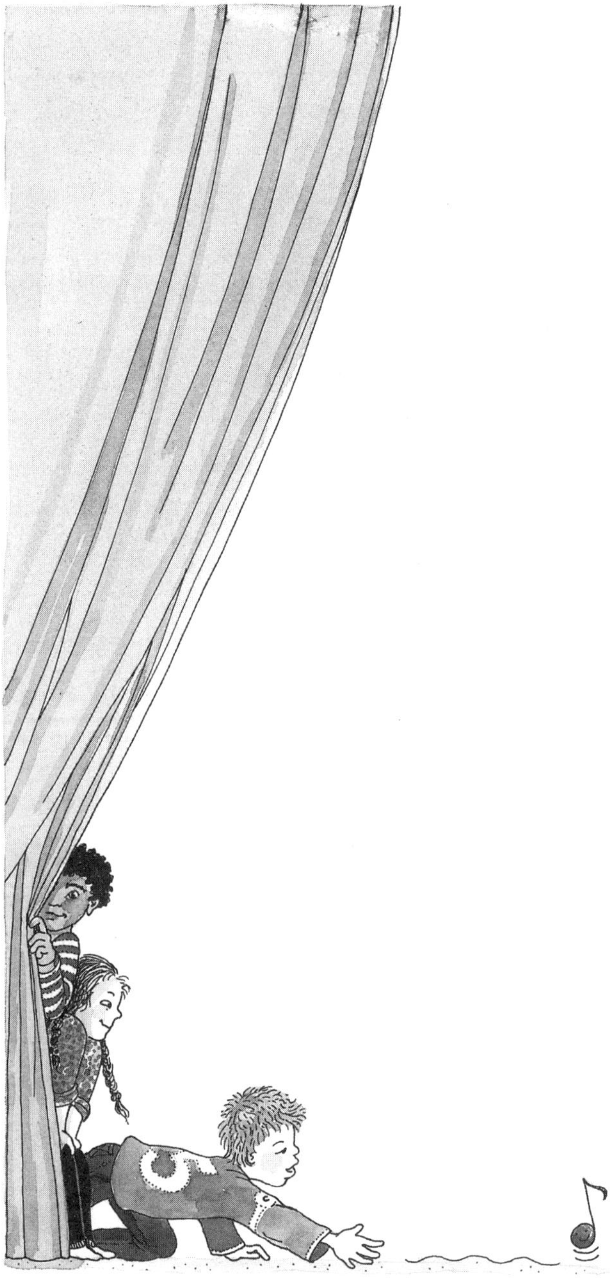

Wir lernen uns kennen

In diesem Teil geht es zunächst um das spielerische Kontaktaufnehmen und Namenlernen der einzelnen Gruppenmitglieder. Besonders in neu zusammengestellten Gruppen, in denen sich die Kinder noch nicht alle mit Namen kennen, ist es sinnvoll, eines dieser Namenlernspiele bzw. -lieder an den Anfang einer Spiel- oder Musikstunde zu stellen.
Alle Spiele und Lieder verfolgen jedoch neben dem spielerischen Kontaktaufnehmen und Namenlernen auch noch andere Ziele aus dem Bereich des darstellenden Spiels oder der rhythmisch-musikalischen Erziehung. Insofern können sie selbstverständlich auch noch als Übung benutzt werden, wenn die Kinder schon länger Kontakt miteinander hatten und sich auch schon mit Namen kennen.

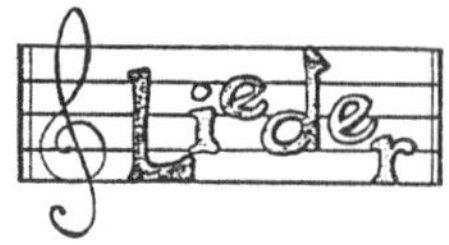
Lieder

1

2

3

4

5

6

7

8

9

1. Orchester bilden

Spiel

1. Zur Entstehung

Das Spiel „Kofferpacken“ ist als Gedächtnisübung weithin gut bekannt und sehr beliebt. Es geht folgendermaßen: Der erste sagt: „Ich packe Tante Elses Koffer und lege einen Hut hinein.“ Der zweite sagt: „Ich packe Tante Elses Koffer und lege zum Hut einen Rock.“ Der dritte sagt: „Ich packe Tante Elses Koffer und lege zum Hut und zum Rock ein Hemd hinein.“ Der vierte sagt: „Ich packe Tante Elses Koffer und lege zum Hut, zum Rock, zum Hemd ihre Pudelmütze.“ Und so weiter.

Diese Art der Gedächtnisbildung vom „Kofferpacken“ wird im Spiel „Orchester bilden“ genutzt, damit die Kinder unter anderem spielerisch die Namen voneinander lernen.

2. Aufstellung und Verlauf

Kinder und Erzieher sitzen im Kreis, weil der Kreis eine deutliche Reihenfolge sichtbar macht und sich alle im Kreis Sitzenden gut sehen können. Der Erzieher sagt: „Ich heiße Pippa und spiele die Trommel“, dabei schlägt er pantomimisch die Trommel. Das erste Kind neben dem Erzieher sagt: „Du heißt Pippa, du spielst die Trommel (pantomimisches Trommeln). Ich heiße Sara und spiele Flöte“ (pantomimisches Flöten). Das nächste Kind sagt: „Du heißt Pippa, du spielst Trommel (pantomimisches Trommeln). Du heißt Sara, du spielst Flöte (pantomimisches Flöten). Ich heiße Line, ich spiele Geige“, (pantomimisches Geigen), und so weiter.

3. Zur Vermittlung

Mit kleineren Kindern (bis zu vier Jahren) kann man das Spiel gemeinsam spielen. Das heißt, alle wiederholen jeweils die schon genannten Namen und stellen jeweils auch gemeinsam das Spiel dar auf den zu den Namen gehörenden Instrumenten. Nur das Kind, welches am Ende der Reihe zugefügt wird, spricht in dem Moment für sich allein und fügt sich allein ein Instrument bei. Alle sprechen dann: „Du heißt Pippa, du spielst Trommel (alle spielen pantomimisch Trommel). Du heißt Sara, du spielst Flöte“ (alle spielen pantomimisch Flöte). Line wird der Reihe hinzugefügt und spricht allein: „Ich heiße Line, ich spiele Geige“ (sie spielt pantomimisch Geige).

Der Erzieher sollte am Anfang „das Spiel in Gang setzen“ und es am Ende abschließen, indem er die gesamte Reihe noch einmal durchgeht.

Wird das Spiel mit größeren Kindern gespielt, so daß jeweils nur ein

Kind die Reihe aufsagt und sich selbst dann am Ende der Reihe hinzufügt, so müssen besonders die Kinder ein gutes Erinnerungsvermögen aufbringen, die „spät“ an der Reihe sind. Wenn es deshalb bei größeren Gruppen vorkommt, daß ein Kind beim Aufsagen und Nachmachen nicht weiterkommt, weil es einen Namen bzw. ein Instrument vergessen hat, so sollte die Gruppe helfen dürfen, indem sie zunächst das Instrument pantomimisch „vorsagt“. Meistens fällt dem stockenden Kind dann der zugehörige Name wieder ein. Wenn das nicht der Fall ist, so sollte natürlich der Name vorgesagt werden dürfen. Kommt ein Kind total ins Stocken, so sollten alle gemeinsam die Aufgabe zu Ende führen, daß heißt, alle zusammen nennen die noch fehlenden Namen und stellen dazu das Spiel dar auf den jeweils zu den Namen gehörenden Instrumenten.

Ist jedes Kind und jeder Erwachsene einmal an der Reihe gewesen, sind also alle Namen nacheinander genannt und mit bestimmten Instrumenten versehen, so kann man fragen, ob ein besonders mutiges Kind in der Gruppe ist, das noch einmal die ganze Reihe durchgehen möchte. Will ein Kind dieses oder wollen es gar mehrere Kinder, so dürfen sie dafür einzeln in die Mitte des Kreises kommen, um von dort aus in aller Ruhe die gesamte Reihe zu wiederholen.

Statt daß einzelne Kinder die ganze Reihe noch einmal aufsagen, kann man auch gemeinsam mit allen die Reihe wiederholen. Das bringt den Kindern oft so viel Spaß, daß sie gern mehrere „Runden“ wiederholen und dabei von selbst das Tempo des Aufsagens und Darstellens steigern.

4. Mögliche Vorübungen

Es ist hilfreich, den Kindern Bilder von möglichst vielen unterschiedlichen Instrumenten oder auch richtige Instrumente mitzubringen, um ihnen zu zeigen und zu erzählen, wie diese gehalten werden und wie auf ihnen unterschiedliche Töne erzeugt werden können. Zum Beispiel:

Klavier – durch Anschlagen verschiedener Tasten;
Gitarre – durch Anschlagen/Anzupfen verschiedener Saiten mit einer Hand und durch Abgreifen der Saiten mit der anderen Hand;
Flöte – durch Anblasen und durch Abdecken bestimmter Löcher mit den Fingern;
Trommel – durch Schlagen in der Mitte oder am Rand des Trommelfells;
Geige – durch Anstreichen der Saite mit dem Bogen und durch Abgreifen der Saiten mit der anderen Hand. Usw.

Durch diese Vorinformationen kann zum einen erreicht werden, daß die Kinder bei der Durchführung des Spiels „Orchester bilden" auf möglichst viele verschiedene Instrumente und auch auf weniger bekannte Instrumente kommen; zum anderen, daß die pantomimischen Darstellungen des Instrumentenspielens sicherer und genauer wird.

5. Erweiterungen und Veränderungen

Gleiches „Aneinanderreihspiel" wie „Orchester bilden" kann man durchführen, indem man ebenfalls seinen Namen nennt, dann aber nicht ein Instrument dazu darstellt, sondern jeweils eine Geste, eine Grimasse oder eine deutliche Bewegung beifügt. Zum Beispiel:

1. Kind: „Ich heiße Simon, ich winke mit der rechten Hand" (Simon winkt).
2. Kind: „Du heißt Simon, du winkst mit der rechten Hand (es winkt). Ich heiße Karsten, ich strecke die Zunge 'raus" (streckt die Zunge 'raus).
3. Kind: „Du heißt Simon, du winkst mit der rechten Hand (winkt). Du heißt Karsten und streckst die Zunge 'raus (streckt die Zunge 'raus). Ich heiße Birgit und hopse einmal in die Höhe" (Birgit hopst).

2. Wir spielen zusammen

Wir spielen alle zusammen, jeder hat sein Instrument.
Alle zusammen, jeder hat sein Instrument.
Pippa spielt Trommel, Pippa spielt Trommel,
ja, das ist Pippas Instrument.

1. Zur Entstehung Das Lied entstand als Ergänzung zum Spiel „Orchester bilden“.

2. Aufstellung und Verlauf

Das Lied wird gemeinsam gesungen. Kinder und Erwachsene sitzen so, daß sie einander sehen können und daß eine Reihenfolge deutlich sichtbar ist. Dann wird das Lied für die Person gesungen, mit der die Reihe beginnen soll. Auf den Text: „Pippa spielt ..." muß Pippa pantomimisch zeigen, welches Instrument sie spielen möchte, damit das Lied weitergesungen werden kann. Nach jeder Strophe wird ein Kind an die Reihe angehängt. Die Kinder, die schon genannt wurden, bleiben über alle Strophen dabei, das Singen mit dem pantomimischen Spiel ihres Instrumentes zu begleiten, bis am Ende, wenn die Reihe vollständig ist, „das ganze Orchester gemeinsam spielt".

3. Zur Vermittlung

Eine Schwierigkeit, aber auch ein Reiz des Liedes besteht darin, daß jeweils das Kind, welches an die Reihe angefügt wird, möglichst schnell und deutlich der Gruppe pantomimisch vermitteln muß, welches Instrument es spielen möchte. Insofern entsteht häufig ein Stocken auf der Textstrecke: „Pippa spielt ...", und zwar so lange, bis die Gruppe verstanden hat, welches Instrument Pippa pantomimisch darstellt, um dann die Strophe zu Ende singen zu können.
Will man diese Stockungen vermeiden, so muß man die Kinder vorher fragen, welche Instrumente sie spielen wollen, so daß dieses für die Gruppe klar ist und nicht erst während des Singens vermittelt werden muß. Diese Form, nämlich die Instrumente vorher festzulegen, ist für kleinere Kinder sicherlich die einfachere.
Sind alle Kinder mit ihrem Instrument genannt, so sollte das „Orchester" unbedingt noch einige „Runden" die jetzt vollständige Reihe wiederholen.

4. Mögliche Vorübungen

Siehe dazu Spiel: Orchester bilden.

5. Erweiterungen und Veränderungen

Wenn die Kinder die ganze Reihe sicher durchsingen und darstellen können, so ist es möglich, das Orchester sowohl schneller als auch langsamer spielen zu lassen.
Hierfür wird ein „Dirigent" benötigt, den entweder der Erzieher spielen kann, oder auch ein Kind, das sich vor das „Orchester" stellt und dessen Singtempo „dirigierend" bestimmt.
Man kann auch versuchen, das Orchester wütend, traurig oder heiter spielen zu lassen.

3. Plätze tauschen

Spiel

1. Zur Entstehung

Dieses Spiel ist in seiner einfachen Form als „Kontaktaufnahmespiel" für sehr kleine Kinder um drei Jahre herum gedacht. Für diese hat das „Plätzetauschen" nämlich eine erstaunliche Faszination.
Zwei im Kreis sitzende Kinder aufzurufen und diese ohne weitere Aufgabenstellung „nur" die Plätze tauschen zu lassen, ist eine sehr beliebte Aufgabe. Sie fordert von den Kindern sowohl Konzentration und Bereitschaft, in der Gruppe zu agieren, als auch eine gewisse Orientierungsfähigkeit im Raum. Doch liegen diese Forderungen auf so einfacher, bewältigbarer Ebene, daß bei diesem Spiel der Platz für gegenseitiges Beobachten und individuelles „Sich-der-Gruppe-Zeigen" erhalten bleibt. Das „Plätzetauschen" ist auch ein Namen-Lernspiel insofern, als es gern über längere Zeit betrieben wird (Dreijährige bis zu 15 Minuten), so daß über längere Zeit jeweils zwei Kinder mit Namen aufgerufen werden und die zuschauenden Kinder die Namen dadurch lernen.

2. Aufstellung und Verlauf

Die Kinder sitzen in einem großen Kreis am Boden. Der Erzieher ruft jeweils zwei Kinder auf, die miteinander die Plätze tauschen.

3. Zur Vermittlung

Der Erzieher sollte bereit sein, ein Kind mehrmals freundlich aufzurufen, wenn dieses träumend sein „Dransein" überhört hat. Oftmals ist es so, daß das andere Kind, das ebenfalls aufgerufen wurde, zum träumenden Kind hinübergeht, um dessen Platz einzunehmen. Hierbei muß der Erzieher für sanften Umgang miteinander sorgen.

4. Mögliche Vorübungen

Das Spiel ist so einfach, daß keine Vorübungen notwendig sind.

5. Erweiterungen und Veränderungen

Durch folgende Veränderungen kann die Funktion des Spieles „Plätze tauschen" in Richtung Interaktionsspiel intensiviert werden: Die Kinder sitzen weiterhin in einem großen Kreis (große Abstände von Kind zu Kind). Alle Kinder bekommen eine Nummer. Wenn einem das Nummernvergeben widerstrebt, so kann man jedem Kind auch einen Wochentag oder eine Farbe zuordnen.
Der Erzieher ruft nun jeweils zwei Nummern (bzw. zwei Farben oder Wochentage) auf, die zu den Nummern gehörigen Kinder erheben sich und

a) wechseln zunächst nur ihre Plätze;
b) (1. Erweiterung) wechseln die Plätze, treffen sich vorher jedoch in der Mitte des Kreises und haben die Aufgabe, sich dort – wie auch immer geartet – zu begrüßen, bevor sie den Weg zum Platz des ihnen entgegenkommenden Kindes fortsetzen;
c) (2. Erweiterung) wechseln die Plätze, halten jedoch vorher im Kreismittelpunkt und stellen sich mit Namen vor;
d) (3. Erweiterung) die Kreisbahn, auf der die Kinder sitzen, muß hierfür besonders groß sein. Zwei Kinder werden aufgerufen und wechseln ihren Platz nicht gehend, sondern sie wählen sich eine bestimmte Fortbewegungsart, zum Beispiel Hinken, Rollen, Drehen, Hopsen oder ähnlich;
e) (4. Erweiterung) die zwei aufgerufenen Kinder gehen mit ihrer selbst gewählten Fortbewegungsart los, treffen das andere Kind im Kreismittelpunkt und tauschen die gewählten Bewegungsarten aus, d. h., jedes Kind legt mit der vom anderen Kind gewählten Bewegungsart den Rest seines Weges zurück.

4. Platz tauschen

1. Simon, Hedi, hoch mit einem Satz,
   gleich tauscht ihr den Platz,
   in der Mitte schleicht ihr so, wie eine Katz.
2. buckelt ihr, wie eine Katz.
3. faucht ihr so, wie eine Katz.
4. putzt ihr euch, wie eine Katz.
5. springt ihr so, wie eine Katz.

1. Zur Entstehung

Das Lied entstand zur Ergänzung der unter 3. beschriebenen Spiele zum Plätze tauschen.

2. Aufstellung und Verlauf

Wie bei den Spielen zum Plätze tauschen sitzen die Kinder am Boden und bilden einen großen Kreis. Der Erzieher stimmt das Lied an und nennt zwei Namen. Alle Kinder stimmen dann ein und singen das Lied zu Ende. Die Kinder, welche aufgerufen wurden, verhalten sich dem Liedtext entsprechend: Auf: „Hoch mit einem Satz" springen sie auf, auf: „gleich tauscht ihr den Platz", gehen sie noch nicht los, bis sie durch den weiteren Text: „in der Mitte schleicht ihr so, wie eine Katz" ihre Anweisungen bekommen haben. Erst, wenn das Lied beendet ist, setzen sich die zwei aufgerufenen Kinder in Bewegung. Zunächst sollte immer die gleiche Strophe, zum Beispiel „in der Mitte schleicht ihr so wie eine Katz" gesungen werden, bis dieses möglichst von allen Kindern einmal ausgeführt wurde. Erst dann sollte man die Strophe wechseln und damit die nächste Aufgabe ansagen.

4. Mögliche Vorübungen

a) Siehe dazu Spiel: Plätze tauschen:
b) die Kinder spielen Katzen und probieren aus: Wie schleichen die Katzen? Wie buckeln sie? Wie fauchen sie? Wie putzen sie sich? Wie springen sie?

5. Erweiterungen und Veränderungen

Wenn ältere Kinder (ab fünf Jahren) das Lied sehr gut beherrschen und alle Strophen häufiger gesungen haben, so kann man fragen, ob das eine oder andere Kind vielleicht einmal alleine singen möchte. Damit übernimmt es dann auch die Aufgabe, allein zu bestimmen, welche Kinder an der Reihe sind und welche „Katzenaufgabe" diese übernehmen sollen.

5. Sprechen und Begleiten

Spiel

1. Zur Entstehung

Die Silbenfolge seines Namens oder gar von einem Satz beim Sprechen zu unterstützen, entweder durch Klatschen oder durch Spielen auf einem einfachen Schlaginstrument, ist für die meisten Kinder mit viel Lust verbunden. Sie werden dadurch motiviert, deutlich zu sprechen, und angehalten, Sprache und Bewegung zu koordinieren.

2. Aufstellung und Verlauf

Alle Kinder sitzen im Kreis. Sie sprechen ihre Namen, später einen ganzen Satz, und klatschen dabei die Silbenfolge mit. Statt zu klatschen, können sie die Silbenfolge auch auf einem Instrument mitspielen.

3. Zur Vermittlung

Ist nur ein Instrument vorhanden, so kann der Erzieher es entweder von einem Kind zum nächsten geben, die Kinder können es aber auch selbst weiterreichen. Jedes Kind, zu dem das Instrument kommt, spricht dann seinen Namen und begleitet die Silbenfolge seines Namens dabei. „Sa-bi-ne, Mar-tha, Ka-ro-li-ne, Bernd." Schon beim ersten Durchgang oder auch erst beim zweiten Durchgang wiederholen alle den vom Kind zunächst allein genannten Namen. Bei dieser Wiederholung können sich die Kinder klatschend begleiten.

1. Kind allein	alle	2. Kind allein	alle	3. Kind allein
Sa-bí-ne	Sa-bí-ne	Már-tha	Már-tha	Ka-ro-lí-ne

Der Erzieher darf bei diesen Wiederholungen etwas lauter mitsprechen und mitklatschen und dabei den gesprochenen Namen eindeutig betonen. Der nächste Schritt besteht darin, daß der Erzieher den Kindern jeweils einen ganzen Satz vorspricht, die Silbenfolge des Satzes begleitet und dabei deutlich und im Rhythmus spricht. Die Kinder wiederholen den vorgesprochenen Satz zuerst allein und dann in der Gruppe.

Erzieher allein — Kind allein — alle Kinder

Hat man so viele Instrumente, daß jedes Kind sein „eigenes“ Instrument haben kann, so werden die Übungen (Vor-, Nachsprechen, Sich-Begleiten) gleichermaßen verlaufen, nur, daß nicht ein Instrument weitergegeben wird, sondern jedes Kind, das nacheinander an der Reihe ist, sich auf „seinem“ Instrument begleitet. Die rhythmischen Antworten der Gruppe werden dann ebenfalls begleitet, indem jedes Kind auf „seinem“ Instrument mitspielt. Hierbei muß darauf geachtet werden, daß alle Instrumente zu hören sind und nicht einige Kinder so laut „spielen“, daß sie alles andere übertönen.

4. Mögliche Vorübungen

Immer, wenn Kinder ein Instrument in die Hand bekommen, muß man ihnen Zeit geben, mit diesem vertraut zu werden. Arbeitet die ganze Gruppe mit nur einem Instrument, so sollte man dies zunächst einmal herumschicken, ohne daß die Kinder etwas bestimmtes damit machen sollen. Jedes Kind bekommt ein wenig Zeit, um allein das Instrument einmal auszuprobieren. Während jeweils ein Kind das Instrument bekommt, kann der Erzieher folgenden Spruch sagen:

Jetzt ist „NAME“ dran,
guckt das Instrument sich an,
was man damit machen kann,
reicht es weiter irgendwann.

Nach „irgendwann" sollte das Kind das Instrument möglichst bald weitergeben, damit die anderen Kinder auch an die Reihe kommen und nicht ungeduldig werden.

Gibt man allen Kindern ein „eigenes Instrument in die Hand, so sollten sie dieses ebenfalls zunächst eine Weile ganz allein ausprobieren dürfen. Droht das Ausprobieren zu chaotisch zu werden, so kann der Erzieher das Geschehen steuern, indem er fragt: „Wie klingt es, wenn zum Beispiel ganz laut, ganz leise, ganz schnell oder ganz langsam gespielt wird? Ist es möglich, hell oder dunkel zu spielen, ärgerlich oder freundlich, fröhlich oder traurig?" usw.

5. Erweiterungen und Veränderungen

Haben die Kinder gelernt, bestimmte Sätze rhythmisch zu sprechen und sich dabei zu begleiten, kann man mit folgenden Übungen fortfahren:

a) Die Kinder sitzen im Kreis, ein Instrument liegt in der Mitte. Ein erstes Kind wird aufgefordert, zu dem Instrument zu gehen, es zu nehmen und den Satz zu sprechen:

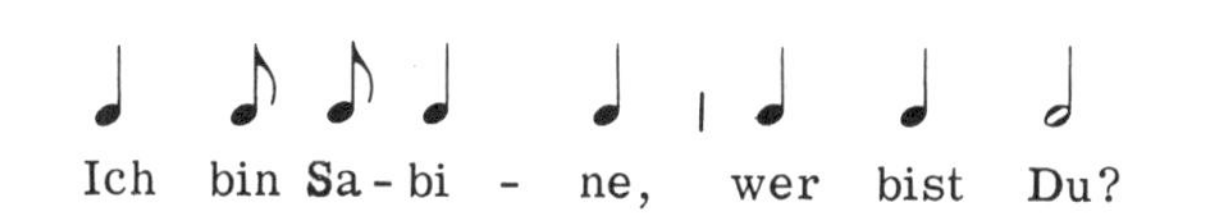

Dabei schaut es ein Kind im Kreis sehr genau an und fordert dieses damit auf, sich zu erheben. Das erste Kind übergibt ihm das Instrument und läßt sich an dessen Platz nieder. Das so ausgesuchte Kind geht in die Mitte, spricht und begleitet sich:

Dabei schaut es wiederum ein Kind genau an, usw.

b) „Anfunken“: Die Kinder sitzen im Kreis. Ein Kind beginnt mit dem Satz: „Ich bin Sabine, wer bist du?“

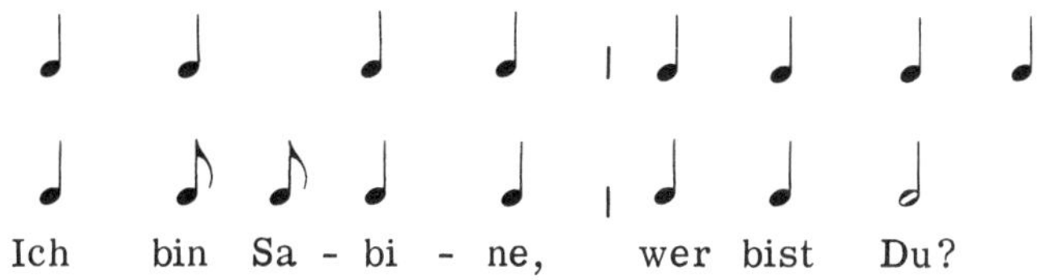

Es begleitet den Satz rhythmisch klatschend und schaut dabei ein anderes Kind im Kreis sehr genau an. Das Ansehen muß so eindeutig sein, daß das angesehene Kind sich angesprochen fühlt und weiß, daß es nun an der Reihe ist: Es setzt fort:

und sieht dabei ein weiteres Kind ganz genau an; usw.

6. Das Namensspiel

Jetzt spielen wir das Namensspiel, das Namensspiel, es ist ganz leicht,
du brauchst nicht viel, du brauchst nicht viel, du brauchst nicht viel zu sagen,
nur wie du heißt!

„Ich heiße Caroline, daß du es weißt!“
„Ich heiße Sabine, daß du es weißt!“
„Ich heiße Fabian, daß du es weißt!“

1. Zur Entstehung

Das Lied entstand in Anlehung an die unter 7. beschriebenen Spiele, um das rhythmische Spielen und Antworten durch Singen aufzulockern. Es ist ein Lied für geübtere Kinder ab fünf Jahren.

2. Aufstellung und Verlauf

Die Kinder sitzen im Kreis. In Kreisreihenfolge wird das Lied für jedes Kind einmal gesungen. Hat man so viele Instrumente, daß jedes Kind eines vor sich stehen hat. so antwortet das „singend befragte“ Kind, indem es sich auf dem Instrument begleitet (sonst indem es sich klatschend begleitet).

3. Zur Vermittlung

Wenn die Kinder nicht alleine singend antworten mögen, so dürfen sie selbstverständlich von den anderen Kindern unterstützt werden.

4. Mögliche Vorübungen

Das „Namenrufen“ auf zwei Viervierteltakte mit Auftakt, so wie es im Lied verlangt wird, sollte unbedingt vorgeübt werden. Dieses kann zum Beispiel auf der Rufterz (wie im Lied) geschehen mit deutlich dazu gespielten Viertelnoten auf der Holzblocktrommel.

Der Erzieher kann dafür mit der Holzblocktrommel in der Mitte des Kreises sitzen. Er gibt jeweils den Auftakt an, singt den Auftakt „Ich“ und sieht dabei eindeutig dasjenige Kind an, dessen Namen in den zweitaktigen Ablauf eingesetzt werden soll. Dann singt er die zwei Takte zu Ende, entweder nur mit dem angesehenen Kind zusammen oder auch mit allen Kindern zusammen.

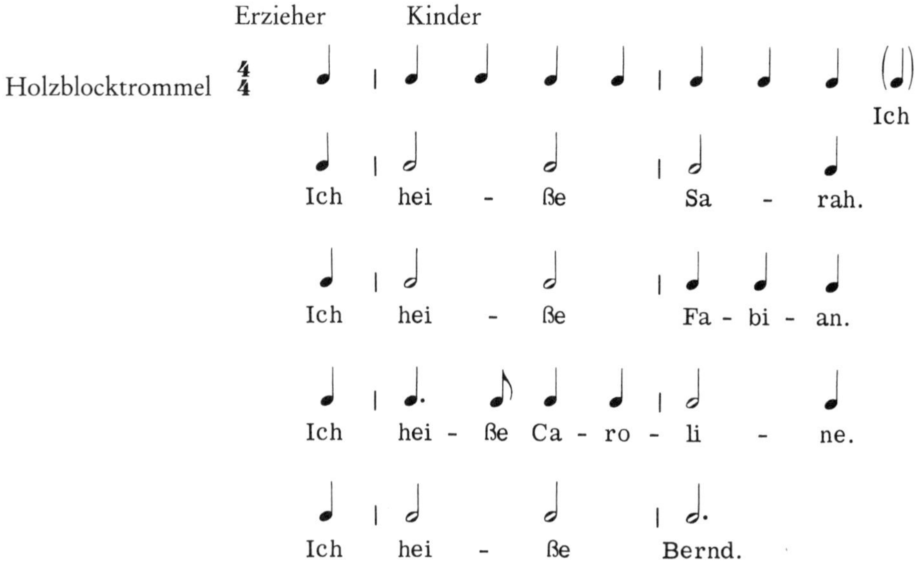

Nach mehreren, so durchgeführten Durchgängen werden die Kinder sicherer sein in der Rhythmisierung des Satzes mit ihrem Namen. Während der Erzieher weiterhin die Viertelnoten auf der Holzblocktrommel spielt und den Kindern die Einsätze (Auftakt „Ich") gibt, werden diese bald allein ihren Satz sprechen können, während sie den Rhythmus mitklatschen bzw. mitspielen, der sich für ihren Satz ergibt.

5. Erweiterungen und Veränderungen

Können die Kinder das Lied sehr sicher singen und jedes mit seinem Satz und seinem Rhythmus sicher antworten, so kann folgende Zusatzaufgabe hinzugenommen werden:
Die Reihenfolge, in der das Lied jeweils für ein bestimmtes Kind gesungen wird, ist nicht mehr festgelegt. Jedes mit seinem Satz antwortende Kind hat hingegen die Aufgabe, auf den Text: „daß du es weißt" ein Kind in der Gruppe sehr eindeutig anzusehen und durch das Ansehen zu bestimmen, daß dieses als nächstes an der Reihe sein soll, von allen singend befragt" zu werden. (Siehe dazu Spiel „Sprechen und Begleiten" unter Erweiterungen und Veränderungen, b) „Anfunken".)

7. Wie heißt du?

Sag, wie heißt du, wie heißt du?
Sag uns deinen Namen.

1. Zur Entstehung

Das Lied ist so kurz, daß es gut genutzt werden kann, wenn jedes Kind einmal singend nach seinem Namen gefragt werden soll, ohne daß der Gruppe durch die häufige Wiederholung allzuviel Geduld abverlangt werden muß. Es ist schnell erlernbar, so daß alle Kinder sehr bald mitsingen können.

2. Aufstellung und Verlauf

Es gibt dazu verschiedene Möglichkeiten:

a) Die Kinder sitzen im sehr engen Kreis. Ein Kind steht in der Mitte, streckt den Arm vor und dreht sich sehr langsam mit geschlossenen Augen, während die Gruppe das Lied singt. Ist das Lied beendet, so antwortet dasjenige Kind, auf welches der Arm des „blinden“ Kindes zeigt, mit seinem Namen. Es kann dabei die Silbenfolge seines Namens mitklatschen. Nun kommt das gefragte Kind als „blindes“, sich drehendes Kind in die Kreismitte usw.

b) Die Kinder sitzen irgendwie im Raum verteilt. Ein erstes Kind erhebt sich, singt das Lied (gegebenenfalls mit allen zusammen), geht am Ende des Liedes zu einem Kind, das antworten soll, und bleibt bei diesem stehen. Hat es mit seinem Namen geantwortet und sich dabei ggf. klatschend begleitet, so darf es aufstehen und ist an der

Reihe, singend zwischen den Kindern hindurchzugehen. Das erste Kind nimmt seinen Platz ein, usw.

c) Die Kinder sitzen im Kreis oder in der Reihe. Ein Kind beginnt mit dem Lied, sieht das neben sich sitzende Kind an und fragt es mit dem Lied nach seinem Namen. Hat das angesehene Kind geantwortet, so ist es jetzt an der Reihe, das Lied zu singen und wiederum das Kind neben sich nach dessen Namen zu fragen, usw.

3. Zur Vermittlung

Man kann das Lied immer von allen Kindern singen lassen, oder aber jeweils nur von demjenigen Kind, das gerade an der Reihe ist. Wenn die anderen Kinder dann unruhig werden, so kann man ihnen zum Beispiel gestatten, ganz leise mitzusingen und dazu ganz leise den Rhythmus des Liedes mitzuklatschen (jede gesungene Wortsilbe mitzuklatschen).

4. Vorübungen

Das Nach-dem-Namen-Fragen und Mit-seinem-Namen-Antworten kann sprechend vorgeübt werden, ohne zunächst das Lied zu singen. Die oben unter Aufstellung und Verlauf, a), b), c) beschriebenen Spielverläufe können gleichermaßen gespielt werden, nur daß statt des Liedes jetzt ein Satz gesprochen wird. Zum Beispiel: „Ich heiße …, wie heißt du?“

5. Erweiterungen und Veränderungen

a) „Anfunken“: Wenn die Kinder das Ruflied gut beherrschen und die Kinder gern alleine singen mögen, so kann man das Lied zum „Sich-Anfunken“ benutzen (siehe dazu Spiel „Sprechen und begleiten“ unter Erweiterungen und Veränderungen b) und Lied „Das Namensspiel“, Erweiterungen und Veränderungen). Die Gruppe steht im Kreis, ein Kind ist an der Reihe und verbindet die drei Handlungen: „Singen“, „Sich-klatschend-Begleiten“ und „Ein-Kind-sehr-eindeutig-Ansehen“. Das angesehene Kind ist damit „angefunkt“, antwortet, und ist als nächstes an der Reihe, wiederum ein Kind anzufunken.

b) „Flasche drehen“: Die Kinder sitzen in einem sehr engen Kreis. In der Mitte des Kreises wird eine Flasche gedreht. Solange die Flasche sich dreht, wird das Lied wiederholt gesungen. Das Drehtempo bestimmt das Singtempo, insofern nimmt dieses kontinuierlich ab. Mit anhaltender Flasche hört auch das Singen auf. Egal, ob das Lied zu Ende ist oder nicht. Das Kind, auf welches der Flaschenhals zeigt, nimmt die Flasche, antwortet mit seinem Namen und begleitet die Silbenfolge durch Schläge mit der flachen Hand auf die Flasche. Darauf bringt es die Flasche wieder in Drehung, und das Spiel beginnt von vorn.

8. Die Namensbrücke

Wir gehen jetzt im Kreis herum, im Kreis gehn wir herum,
und unter einer Brücke durch, die ist danz schief und krumm.
Auf einmal kracht die Brücke ein – fängt sich ein Kind dabei,
erst wenn es seinen Namen sagt, dann ist es wieder frei.

1. Zur Entstehung

Viele kennen den „Kribbel" beim Kreisspiel, wenn man unter einer Brücke hindurchgehen muß, die irgendwann einbrechen und dabei ein Kind fangen wird, vom Spiellied „Die Meiersche Brücke". Dieser „Kribbel" entsteht, weil keinem Kind der Moment erspart bleibt, unter der unberechenbaren Brücke hindurch zu müssen wegen der Kreisfassung und der kontinuierlichen Kreisbewegung. So hofft jedes Kind, daß es selbst gerade eben noch der „Gefahr" entfliehen kann, und es ist jedesmal wieder mit einem kleinen Schrecken verbunden, wenn man doch die- oder derjenige ist, über dem die Brücke zusammenfällt.

2. Aufstellung und Verlauf

Die Kinder fassen sich zu einem Kreis. Zwei Kinder bilden eine Brücke durch nach oben gestreckte Arme und in der Höhe gefaßte Hände.
Der Kreis bewegt sich durch die Brücke hindurch. Die Kinder gehen dem Text entsprechend im Kreis herum. Irgendwo auf der Textstrecke: „Auf einmal kracht die Brücke ein, fängt sich ein Kind dabei", bricht die Brücke „entzwei", die gefaßten Hände fallen herab und fangen das Kind ein, welches gerade unter der Brücke hindurchgehen mußte. Die Kreisbewegung wird damit angehalten. Alle Kinder singen das Lied am Platz stehend zu Ende: „Erst wenn es seinen Namen sagt, dann ist es wieder frei." Wenn das gefangene Kind seinen Namen genannt hat, baut sich die Brücke wieder auf. Einer der „Brückenpfeiler" wird nun durch das eben eingefangene Kind ersetzt. Der so „freigewordene" Brückenpfeiler reiht sich im Kreis mit ein. Der Kreis setzt sich erneut in Bewegung, und das Spiellied beginnt von vorne.

3. Zur Vermittlung

Die Kinder werden durch das Spiel zunächst so abgelenkt sein, daß sie beim Spielen das Singen vergessen. In dieser Zeit muß der Erzieher das Singen fast allein übernehmen. Da das Lied jedoch sehr einfach ist, werden die ersten Kinder schon nach wenigen Durchgängen miteinstimmen und Spielen und Singen verbinden. Wurde das Lied schon häufig gesungen, darf darauf hingewiesen werden, daß alle Kinder versuchen sollten mitzusingen.
Der Erzieher muß darauf achten, daß die kontinuierliche Kreisbewegung nicht zu stark dadurch beeinträchtigt wird, daß die Kinder möglichst ganz schnell unter der gefährlichen Brücke hindurchschlüpfen wollen, während sie das Gehtempo vor der Brücke gern verzögern, besonders wenn sich der Text „auf einmal kracht die Brücke ein" nähert. Ein gewisses Schnellerwerden und Verzögern in den kritischen Momenten ist allerdings nicht zu verhindern.

4. Erweiterungen und Veränderungen

Will man das Spiellied nicht unbedingt als „Namenlernlied“ verwenden, so kann man den Text folgendermaßen verändern. „... fängt sich ein Kind dabei, erst wenn es *Moritz' Wunsch* erfüllt, dann ist es wieder frei“. Moritz könnte zum Beispiel das Kind sein, welches zuvor eingefangen wurde, so daß jedes Kind, das einen Wunsch erfüllt hat, weil es eingefangen war, sich für das nächste gefangene Kind eine Aufgabe ausdenken darf. Moritz kann aber auch das Geburtstagskind sein, welches – weil es Geburtstag hat – sich von jedem gefangenen Kind einen Wunsch erfüllen lassen darf. Die Aufgaben bzw. Wünsche sollten nicht zu schwierig sein, sondern von möglichst schnell erfüllbarer Art, wie zum Beispiel dreimal hochhüpfen, ein kurzes Lied singen, eine Grimasse schneiden, eine Rolle machen oder ähnlich.

9. Heiß nicht Rumpelstilzchen

Nein, ich heiß' nicht, heiß' nicht Rumpelstilzchen,
heiß' nicht Kaspar, heiße auch nicht Kunz, nicht Hinz.
Doch fragst du, heißt du etwa, heißt du etwa Peter,
ja, dann sag' ich: Richtig, ganz genau, ja.
Richtig, ganz genau, ja! Richtig, ganz genau, ich bin's.

1. Zur Entstehung

Das Lied entstand, nachdem das Märchen „Rumpelstilzchen“ vorgelesen worden war. Die Kinder amüsierten sich sehr über die außergewöhnlichen Namen, die der redliche Kundschafter für die Königin ausfindig gemacht hatte. Einige Kinder begannen sich sogar scherzhaft mit diesen komischen Namen anzureden.

2. Aufstellung und Verlauf

Größere Kinder (ab 6 Jahren) können das Lied allein singen und sich so den anderen Anwesenden mit Namen vorstellen. Mit kleineren Kindern und mit Kindern, die nicht so sicher und nicht gern allein singen, kann das Lied gemeinsam gesungen und dazu ein Wut-/Freudentanz ausgeführt werden. Jedes Kind setzt dann beim Singen und Tanzen seinen eigenen Namen in den Liedtext.

Der Tanz: Es kann um ein „Lagerfeuer“ (rote Bausteine, rote Bänder in der Mitte des Raums) herumgetanzt werden.

Die Kinder spielen ein wütendes kleines Männchen. Mit gebeugtem Rücken trampeln und stampfen sie zum Liedtext: „Nein, ich heiß’ nicht, heiß’ nicht Rumpelstilzchen, heiß’ nicht Kaspar, heiße auch nicht Kunz, nicht Hinz.“ Auf den Text: „Doch fragst du, heißt du etwa, heißt du etwa Peter?“, lassen sie ab von ihrem wütenden Tanz, richten sich gerade auf und klatschen und singen den Text am Platz mit. Auf den Schlußtext: „Ja, dann sag’ ich: Richtig, ganz genau, ja, richtig, ganz genau, ja, richtig ganz genau, ich bin’s“, tanzen die Kinder wieder los, aber jetzt tanzen sie einen Freudentanz. Sie sind dabei aufgerichtet, sehen einander an, hopsen vor Freude in die Höhe und werfen ihre Arme in die Luft.

3. Zur Vermittlung

Vorausgesetzt wird, daß die Kinder das Märchen „Rumpelstilzchen“ kennen. Der Text des Liedes ist für kleine Kinder recht schwierig und in seiner Verneinung der ersten Aussagen nicht sogleich zu verstehen.

Der Erzieher kann zur verständlichen Vermittlung den Text zunächst folgendermaßen „vorschauspielern“. Zum Beispiel: Er spricht fast etwas ärgerlich wirkend zu den Kindern: „Was habt ihr gesagt? Ich soll Rumpelstilzchen heißen? Nichts da! So heiße ich nicht! Und damit ihr es wißt, ich heiße auch nicht Kunz und schon gar nicht Hinz!“

Jetzt wird der Erzieher etwas freundlicher und zugewandter im Ausdruck und spricht: „Fragt mich doch einfach, ob ich vielleicht Peter heiße. Na, fragt doch einfach! Fragt, heißt du vielleicht Peter? Ja, dann sag ich: Richtig, Peter heiß’ ich. Richtig, ganz genau. Ich bin’s.“ Danach kann der Erzieher das Lied vorsingen und dabei auch möglichst viel schauspielern (erst etwas ärgerlich, später sich aufhellend).

4. Mögliche Vorübungen

Das Märchen sollte allen gut bekannt sein. Insofern kann es gern noch einmal vorgelesen werden.
Der Wut-/Freudentanz zum Lied wird vorgeübt, indem gemeinsam ausprobiert wird, wie sich wohl jemand bewegt und aussieht, der wütend ist: mit den Füßen stampfen und trampeln; die Fäuste ballen; mit geballten Fäusten in der Luft herumfuchteln; sich eher von den anderen abwenden, als sich ihnen zuwenden; zum Boden sehen; sich eher zusammenziehen, als strecken; ein böses Gesicht machen, usw.
Dann wird ausprobiert, wie sich jemand bewegt, wie wohl jemand aussieht, der sich freut: vor Freude in die Luft springen; Hurrabewegungen der Arme; sich eher strecken, als zusammenziehen; sich eher den anderen zuwenden, als von ihnen abwenden; ein lachendes, frohes Gesicht machen, usw.

Wir singen, turnen und spielen

In diesem Teil finden sich Lieder und Spiele, die entstanden, um ganz bestimmte Bewegungen zu begleiten und gezielte Körpererfahrungen zu vermitteln.
Das singende Begleiten seiner Körperbewegungen beinhaltet ein unbewußtes Zusammenführen von Melodie und Rhythmus des Liedes mit der auszuführenden Bewegung. Dieses führt meist dazu, daß sich die Körperbewegung an der melodisch-rhythmischen Struktur des Liedes orientiert, sich somit harmonisiert und differenziert. Dieses wird von den meisten Kindern lustvoll empfunden.
Auch dem unregelmäßigen Atmen bis hin zum Luftanhalten besonders bei schwierigen und anstrengenden Körperübungen wird entgegengewirkt, wenn die Kinder es schaffen, Singen und Bewegen möglichst durchgehend zu verbinden.

Lieder

1. Das bin ich

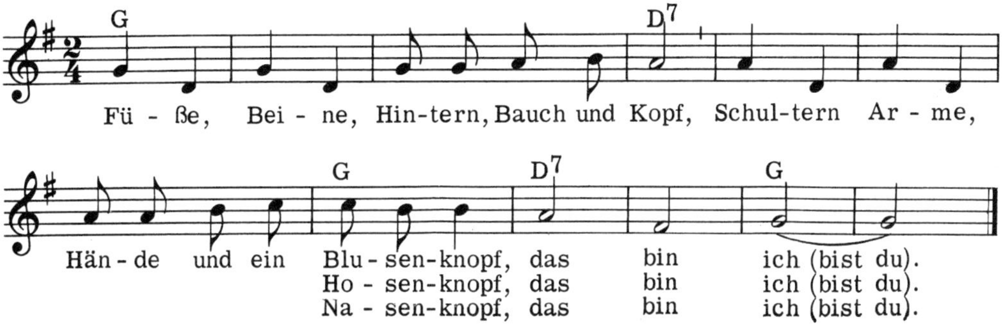

Füße, Beine, Hintern, Bauch und Kopf,
Schultern, Arme, Hände und ein
Blusenknopf – das bin ich.
– das bist du.
Hosenknopf – das bin ich.
– das bist du.
Nasenknopf – das bin ich.
– das bist du.

1. Zur Entstehung

Das Lied ist für kleine Kinder (um drei Jahre herum) gedacht. Es dient zur Orientierung im Körper.

2. Aufstellung und Verlauf

Es ist keine besondere Aufstellung notwendig.
Die erste Strophe wird gesungen, indem jedes Kind dem Text entsprechend über die genannten Körperteile seines eigenen Körpers streicht, auf diese tippt oder zeigt.
Vor jeder zweiten Strophe bewegt sich jedes Kind zu einem anderen Kind (Erwachsenen) hin, so daß die Kinder (und Erwachsenen) in Paaren zusammenstehen. Nun wird die zweite Strophe gesungen. Dabei wird wiederum dem Text entsprechend über die jeweils genannten Körperteile des nun gegenüberstehenden Kindes gestrichen, getippt oder darauf gezeigt.
Finden die Kinder keine Blusen- oder Hosenknöpfe, so können sie stattdessen „Nasenknopf" singen und sich oder ihrem Gegenüber dabei vorsichtig auf die Nase tippen.

2. Warm werden

Was ist mit meinen ..., sind sie schon aufgewacht? Ich weiß ein' Trick, wie man sie wach und warm und munter macht.
Ich knete sie, ich knete, dann schüttel ich sie aus,

(Händen) – ich schnipse und ich klatsche laut, dann sieht's schon anders aus.

(Füßen) – ich klopfe (mit den Fersen auf den Boden) und ich klatsche laut (mit den Fußsohlen gegeneinander), dann sieht's schon anders aus. (bei dieser Strophe sitzen die Kinder auf dem Fußboden.)

(Armen) – ich schlenker hin und schlacker her, dann sieht's schon anders aus.

(Schultern) – ich zieh' sie zu den Ohren hoch, dann sieht's schon anders aus.

Was ist mit meinem ..., ist der schon aufgewacht? Ich weiß ein' Trick, wie man ihn wach und warm und munter macht.
Ich knete ihn, ich knete, dann schüttel ich ihn aus,

(Hintern) – ich reibe und ich klopfe ihn, dann sieht's schon anders aus.

(Bauch) – (Was ist mit meinem Bauch los ...) ich reibe und ich klopfe ihn, dann sieht's schon anders aus.

(Kopf) – (Was ist mit meinem Kopf los ...) ich wackel hin und wackel her, dann sieht's schon anders aus.

1. Zur Entstehung

Mit dem Lied kann der Körper zu Beginn einer Turn- oder Bewegungsstunde „aufgewärmt“ werden. Dieses, indem die Aufmerksamtkeit jeweils auf bestimmte Körperteile gelenkt wird, die dann mit im Liedtext genannten Bewegungen „wach, warm und munter“ gemacht werden.

2. Aufstellung und Verlauf

Die Kinder stehen so im Raum verteilt, daß jedes ein wenig Platz um sich herum hat und den Erzieher sehen kann.
Bei der Frage: „Was ist mit meinen Händen – Füßen – Schultern.“ usw. wird die Aufmerksamkeit auf den betreffenden Körperteil gelenkt und dieser, wenn möglich, angesehen. Auf: „Ich weiß ein' Trick, wie man sie wach und warm und munter macht“, wird der betreffende Körperteil zur Melodie frei bewegt. Darauf beginnen dann den Anweisungen im Text entsprechend, die Aufwärmbewegungen wie: Kneten, Schütteln, Schnipsen, Klatschen, Streicheln usw.

3. Zur Vermittlung

Der Text des Liedes ist für kleine Kinder nicht einfach. Sollen die Kinder Singen und Sich-bewegen gut verbinden, so ist es eher ein Lied für ältere Kinder (ab fünf Jahren).
Der Erzieher muß das Lied zunächst allein für die sich bewegenden Kinder singen. Insofern muß er Melodie und Text sicher beherrschen und deutlich und auffordernd singen. Erst nach häufigem Vorsingen und Sich-dazu-Bewegen werden die Kinder langsam anfangen, zunächst nur kürzere, dann längere Strecken mitzusingen.

3. Komm mit!

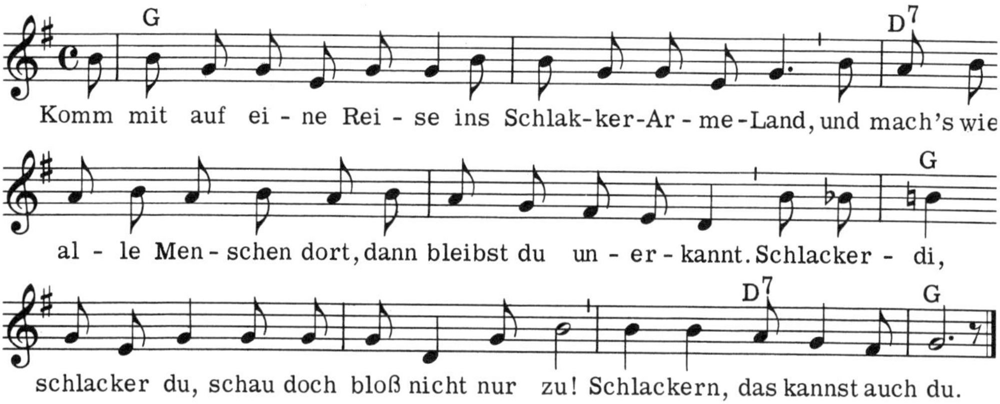

Komm mit auf eine Reise, ins Schlacker-Arme-Land,
und mach's wie alle Menschen dort, dann bleibst du unerkannt.
Schlacker di, schlacker du, schau doch bloß nicht nur zu!
Schlackern, das kannst auch du.
Schlacker-Arme-Land ... schlacker di, schlacker du ...
Trampel-Füße-Land ... trampel di, trampel du ...
Wackel-Hüften-Land ... wackel di, wackel du ..
Schüttel-Hände-Land ... schüttel di, schüttel du ...
Köpfe-Nicken-Land ... nicke di, nicke du ...

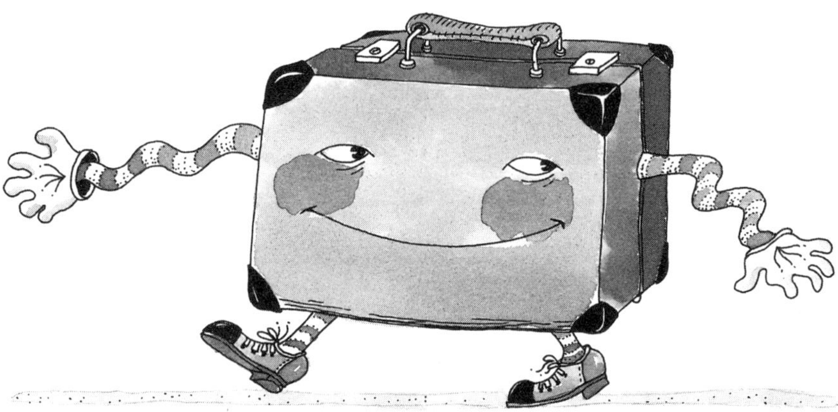

1. Zur Entstehung

Auch dieses Lied eignet sich zum „Aufwärmen“ des Körpers (siehe Lied 2, Was ist mit meinen Händen).

2. Aufstellung und Verlauf

Die Kinder stehen im Raum verteilt, jedes mit etwas Platz um sich herum. Der Erzieher oder auch die Kinder erfinden verschiedene Länder (z.B. das Schlacker-Arme-Land, das Schüttel-Hände-Land, das Wackel-Hüften-Land, das Köpfe-Nicken-Land usw.). Beim Singen werden dann die Bewegungen der Menschen des jeweiligen Phantasielandes dargestellt.

3. Zur Vermittlung

Der Erzieher sollte die Kinder anhalten, möglichst auch eigene Vorschläge von Phantasieländern einzubringen. Auf den Text: „Schau doch bloß nicht nur zu! Schlackern, das kannst auch du!“, sollten sich die Kinder gegenseitig ansehen, d.h., nicht mehr nur auf ihre eigene Bewegung konzentriert sein. Ist ein Kind in der Gruppe, das möglicherweise träumt und nicht recht dabei ist, so kann der Erzieher es auf dieser Textstrecke („Schau doch bloß nicht nur zu! Schlackern, das kannst auch du“) freundlich, aber auffordernd ansehen, um es zum Mitmachen zu animieren.

4. So gut man kann

1. Hände klatschen, Hände klatschen, Hände klatschen, so gut man kann,
   mal nach hinten, mal nach rechts, und mal nach links und mal voran.
   Hände klatschen, Hände klatschen, Hande klatschen so gut man kann.
   Und ich frag' mich, und ich frag' mich, komm ich auch am Hintern an? (Die Kinder klatschen sich auf den Hintern.)
2. Hände schütteln ...
   Und ich frag' mich, und ich frag' mich, ob das auch der Hintern kann? (Die Kinder schütteln mit dem Hintern.)
3. Arme schwingen ...
   Und ich frag' mich, und ich frag' mich, ob das auch der Hintern kann? (Die Kinder schwingen mit dem Hintern.)
4. Beine strampeln (bei dieser Strophe liegen die Kinder mit dem Rükken auf dem Boden) ...
   Und ich frag' mich, und ich frag' mich, ob das auch der Hintern kann? (Jedes Kind verwirklicht seine Vorstellung, wie der Hintern „strampelt".)

5. Füße klatschen (bei dieser Strophe sitzen die Kinder am Boden)...
Und ich frag' mich, und ich frag' mich, komm ich auch am Hintern an? (Die Kinder springen schnell auf und versuchen, mit den Fersen beim Hochspringen gegen den Hintern zu kommen.)
6. Schultern zucken ...
Und ich frag' mich, und ich frag' mich, ob das auch der Hintern kann? (Die Kinder versuchen, mit dem Hintern zu „zucken".)

1. Zur Entstehung

Auch dieses Lied ist einerseits ein „Aufwärmlied" (siehe dazu Lied 2, Was ist mit meinen Händen? und Lied 3, Komm mit!). Es dient weiter der Orientierung am eigenen Körper und des eigenen Körpers im Raum (nach hinten, nach rechts, nach links, nach vorn).

2. Aufstellung und Verlauf

Die Kinder stehen im Raum verteilt, jeweils mit etwas freiem Platz um sich herum und so, daß sie den Erzieher gut sehen können. Die Bewegungen folgen dem Liedtext. (Siehe hierzu auch die Anweisungen im Anschluß an die oben notierten Strophen.)

3. Zur Vermittlung

Wieder ist es so, daß der Erzieher das Singen zunächst stark führen muß, besonders auf dem schwierigen Liedtext „mal nach hinten, mal nach rechts und mal nach links und mal voran". Dieser kann zunächst auch etwas langsamer gesungen werden, um den Kindern die Orientierung und den Richtungswechsel der Bewegungen zu erleichtern.
Will man sich nach dem Lied auch mit kleineren Kindern (ab vier Jahren) bewegen, so muß der Erzieher die Bewegungen deutlich vor- und mitmachen.
Haben die Kinder Schwierigkeiten mit der Orientierung ihrer Bewegungen nach „rechts und links", so kann ihnen geholfen werden, indem sich der Erzieher vor die sich bewegende Gruppe stellt, und zwar mit dem Rücken zur Gruppe.

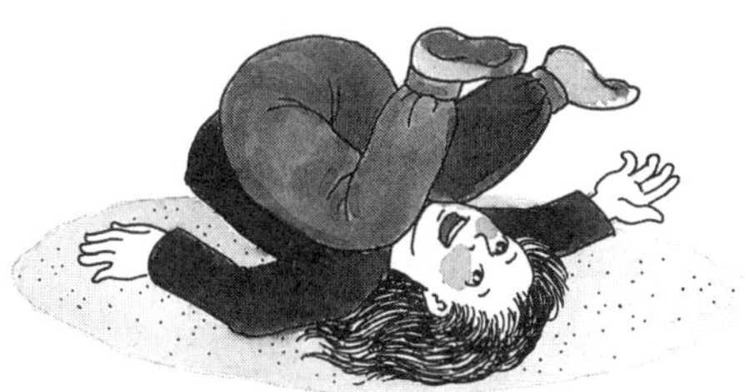

5. Im Takt gehn

1. Kannst du in die Hände klatschen und dazu im Takt gehn?
   Ja, das kannst du, ja, das kannst du, laß es alle sehn!
   Ich kann in die Hände klatschen und dazu im Takt gehn!
   Ja, das kann ich, ja, das kann ich, hier könnt ihr es sehn.
2. Kannst du auf die Nase tippen …
3. Kannst du auf die Schenkel klatschen …
4. Kannst du auf die Wangen klatschen …
5. Kannst du an den Ohren ziehen …
6. Kannst du auf den Lippen spielen (Der 2. Teil des Liedes wird gesummt und dabei auf den Lippen „gespielt".)

1. Zur Entstehung

Das Lied ist für ältere Kinder (ab vier Jahren) gedacht, wenn deren Körperbeherrschung beim Gehen soweit ausgebildet ist, daß sie ihre Schritte im Metrum einer gespielten oder gesungenen Musik setzen können.

2. Aufstellung und Verlauf

Die Kinder stehen so im Raum verteilt, daß sie den Erzieher sehen können. Der Erzieher singt den ersten Teil des Liedes den Kindern vor. Beim Vorsingen macht er am Platz die genannte Aufgabe vor (im Takt gehen und dazu in die Hände klatschen bzw. auf die Nase tippen, auf Schenkel, Wangen, Ohren klatschen usw.).
Erst mit dem zweiten Teil des Liedes: „Ich kann in die ...", setzen sich die Kinder in Bewegung. Sie gehen und agieren (klatschen, tippen) im Metrum und singen möglichst noch dazu. Jedes Kind geht dabei seinen eigenen Weg im Raum und bleibt mit Ende der Strophe dort stehen, wo es gerade ist.
Der Erzieher singt nun den ersten Teil der nächsten Strophe. Damit wird die neue Aufgabe genannt (z.B. gehen und auf die Nase tippen) und dabei am Platz vorgemacht, usw.

3. Zur Vermittlung

Sind in der Gruppe kleinere Kinder, die ihre Schritte noch nicht gleichmäßig setzen können, so dürfen sich diese „frei" bewegen. Sie werden nicht durch wiederholtes Vormachen aufgefordert, im Metrum zu agieren. Solche Kinder ziehen ihre Freude schon allein aus der Tatsache des „Mitmachens" in der Gruppe. Für sie ist es schwierig genug, das Gehen auf einem eigenen Weg im Raum mit einer Aktion (in die Hände klatschen, auf die Nase tippen usw.) zu verbinden, auch wenn dieses noch nicht im Metrum geschieht.

4. Mögliche Vorübungen

Als Vorübung dient alles, wobei die Kinder

- singen und sich dazu im Metrum klatschend begleiten,
- singen und dazu im Metrum gehen,
- Musik hören und dazu das Metrum klatschen,
- Musik hören und dazu im Metrum gehen.

6. Hinterher laufen

1. Wir laufen unserer Hand hinterher,
   Hand hinterher, ja, der Hand hinterher.
   Wir laufen unserer Hand hinterher,
   und niemals holen wir sie ein!
2. Wir laufen unserem Knie hinterher …
2. Wir laufen unserer Nase hinterher …
3. Wir laufen unserem Ohr hinterher …
4. Wir laufen unserer Stirn hinterher … usw.

1. Zur Entstehung

Das Lied entstand parallel zum Bewegungsthema „Bewegungsansätze". Die Kinder probierten, wie es wohl aussehen würde, hätten sie an der Nase (an einem Ellenbogen, an einem Zeigefinger, an der Stirn usw.) eine kleine Öse, daran einen Faden, und jemand würde sie an diesem Faden durch den Raum führen.
Den Kindern werden mit diesem Spiel erste Erfahrungen vermittelt, wie eine Bewegung (in diesem Fall die Fortbewegung im Raum) variiert werden kann. Solche Variationsübungen sollen im Laufe der Zeit die Fähigkeit fördern, möglichst differenzierte und individuelle Bewegungsideen zu entwickeln und umsetzen zu können.

2. Aufstellung und Verlauf

Die Kinder stehen im Raum verteilt, so daß sie den Erzieher sehen können. Der Erzieher nennt selbst den Körperteil, an dem „der Faden befestigt sein soll", oder er fordert ein Kind auf, dieses zu tun.
Alle singen dann das Lied zusammen, setzen den genannten Körperteil im Liedtext ein und bewegen sich mit entsprechendem „Bewegungsansatz" durch den Raum.

3. Zur Vermittlung

Der Erzieher sollte sich unbedingt mit im Raum bewegen. Er kann durch Vormachen die Kinder animieren, die Bewegungen noch spannender zu gestalten, indem sie die „Fäden" in viele verschiedene Richtungen: auf und ab, hoch und tief, gerade und kurvig „ziehen".

4. Mögliche Vorübungen

Unabhängig vom Lied können Bewegungsansätze ausprobiert werden (siehe oben: Zur Entstehung).

7. Stehen, Drehen, Fühlen

Ich kann stehen, ja, ich kann steh'n,
ich kann drehen, ja, ich kann dreh'n,
ich kann fühl'n, daß ich nicht allein bin,
und mache einen Mauseschritt.
– Ich kann fühl'n, daß der Kreis ganz eng ist, ich dreh' mich um und geh' zurück. Wenn die Kinder das Lied „blind" ausführen: – Ich kann fühl'n, daß der Kreis ganz eng ist, und mache meine Augen auf.

1. Zur Entstehung

Dieses Lied unterscheidet sich insofern von den meisten anderen Liedern, als es unbedingt eine sehr ruhige und konzentrierte Atmosphäre benötigt. Insofern ist es im Rahmen von Musik- und Bewegungsstunden gut dann einzufügen, wenn sich die Gruppe in Ruhe sammeln und sich jedes Kind auf sich besinnen soll.

2. Aufstellung und Verlauf

Die Kinder stehen in einem großen Kreis. Auf: „Ich kann stehen, ja ich kann steh'n!" steht jedes Kind auf seinem Platz und orientiert sich („Welche Kinder stehen rechts und links von mir? An welchem Platz

im Raum befinde ich mich: auf der Fensterseite? in der Nähe des Klaviers? – in der Nähe der Tür? – in der Nähe der Heizung? – Wo im Kreis steht mein Freund?", usw.). Auf: „Ich kann drehen, ja, ich kann dreh'n!" dreht sich jedes Kind genau an seinem Platz einmal um sich selbst herum (um 360°). Auf: „Ich kann fühl'n, daß ich nicht allein bin", faßt man die Nachbarn rechts und links an den Händen, die Gruppe steht nun angefaßt im Kreis.
Das Anfassen hilft jedem Kind beim nun folgenden „Mauseschritt", sein Gleichgewicht besser halten zu können. Auf: „und mache einen Mauseschritt", setzt jedes Kind einen Mauseschritt (Ferse des einen Fußes vor die Zehen des anderen Fußes) in Richtung Kreismittelpunkt. Jetzt beginnt das Lied von vorne. Auf: „Ich kann stehen, ja, ich kann seh'n", stellt sich jedes Kind (aus der „Mauseschritt"-Haltung) wieder gemütlich hin (auf zwei parallel stehende Füße). Auf: „Ich kann drehen, ja, ich kann dreh'n" werden, um sich drehen zu können, die noch gefaßten Hände losgelassen. Auf: „Ich kann fühlen, daß ich nicht allein bin" werden die Hände wieder gefaßt, und so weiter.
Wenn die Kinder durch die „Mauseschritte" am Ende jeder Strophe so eng zusammengekommen sind, daß sie mit den Schultern aneinanderstoßen, so wird die letzte Strophe des Liedes gesungen: „Ich kann fühl'n, daß der Kreis ganz eng ist, ich dreh' mich um und geh' zurück."
Die kleinen Kinder gehen dann einfach zu ihrem Platz zurück, drehen sich an diesem angekommen wieder mit dem Gesicht zum Kreismittelpunkt und versuchen zu „kontrollieren", ob sie tatsächlich wieder am gleichen Platz stehen wie vorher (gleiche Fragen zur Orientierung wie zu Beginn des Spiels). Geübtere Kinder können den Weg zurück in „Mauseschritten" machen, die sie nun ganz allein ohne Stütze von rechts und links setzen müssen. Auch diese Kinder drehen sich am Platz angekommen wieder zum Kreismittelpunkt und „kontrollieren", ob sie tatsächlich an ihrem Platz wieder stehen (gleiche Fragen zur Orientierung wie zu Beginn des Spiels).

3. Zur Vermittlung

Das Singen und Ausführen des Liedes benötigen viel Konzentration und Körperbeherrschung. Insofern sollte es nur eingebracht werden, wenn die Gruppe überhaupt dazu in der Lage ist, eine ruhige und konzentrierte Atmosphäre aufkommen zu lassen. Die im Lied enthaltene Aufgabe, „Mäuseschritte" machen, muß vorher schon einmal irgendwann geübt worden sein. Die „Mäuseschritte" sind Schritte, bei denen man die Ferse des rechten Fußes vor die Zehen des linken Fußes setzt, dann die Ferse des linken Fußes vor die Zehen des rechten Fußes, usw.

Die Wegstrecke wird dadurch einspurig.
Bei kleineren Kindern kommt es zunächst überhaupt nicht darauf an, daß sie die „Mauseschritte“ genau aneinander anschließen lassen (Ferse an Zehen), sondern vielmehr darauf, daß sie möglichst kleine Schritte voreinander (Fuß vor Fuß einspurig) und nicht auf parallelen Linien (Fuß neben Fuß zweispurig), so wie sonst. Schon hierbei haben die Kleinen genügend Mühe mit dem Halten ihres Gleichgewichtes.
Mit großen Kindern (ab sechs Jahren) kann nach längerer Vorübezeit versucht werden, das Lied auch mit geschlossenen Augen „blind“ zu singen und auszuführen.

4. Mögliche Vorübung für kleinere Kinder (ab drei Jahren)

Es wird ein Strich auf den Fußboden gemalt, oder bei Teppichboden ein Wollfaden auf diesen gelegt. Der gerade Strich oder der gerade gelegte Faden sollen das „Zirkusseil“ darstellen. Jedes Kind versucht nun, in „Mauseschritten“ (die nicht genau aneinander anschließen müssen) über das Seil zu balancieren. Wenn es dieses schafft, aber auch, wenn es zwischendurch sein Gleichgewicht verliert und neben das Seil tritt, ist aufmunternder Applaus von den zuschauenden Kindern angebracht.

Mögliche Vorübung für größere Kinder (ab fünf Jahren)

Die Kinder stehen in einem großen Kreis und orientieren sich zunächst (siehe oben: Fragen zur Orientierung). Nach den Fragen zur Orientierung kann man die Kinder bitten, die Augen zu schließen.
Erinnern sie sich jetzt noch an alle Einzelheiten? (Welche Kinder stehen rechts und links von mir? An welchem Platz im Raum befinde ich mich: auf der Fensterseite? – in der Nähe des Klaviers? – in der Nähe der Tür? – in der Nähe der Heizung? Wo im Kreis steht mein Freund?, usw.)
Die Kinder öffnen die Augen wieder und zeigen nun mit lang ausgestrecktem Arm eine direkte Linie zum Kreismittelpunkt. Auf dieser „ihrer“ Linie macht dann jedes Kind zur gleichen Zeit einen „Mauseschritt“, zählt „eins“, macht noch einen „Mauseschritt“, zählt „zwei“ und so weiter, bis die Kinder mit den Schultern aneinander stoßen. Jetzt wird noch einmal wiederholt, wie viele „Mauseschritte“ bis hierher benötigt wurden. Es folgt die Aufgabe: „Dreht euch genau am Platz und geht auf eurer Linie mit genau der gleichen Anzahl ‚Mauseschritten‘ wieder zurück.“ Frage: „Seid ihr genau an eurem Platz wieder angekommen?“ Die Kinder drehen sich am Platz, so daß sie wieder mit dem Gesicht zur Kreismitte stehen und kontrollieren für sich selbst, ob sie tatsächlich wieder an ihrem Platz angekommen sind (Kontrollfragen = Orientierungsfragen).

8. Schwarze Krähen

1. Fünf dicke, fette, schwarze Krähen saßen auf dem Dach,
   und eine wurde schwach,
   ja, da waren nur noch: 1, 2, 3, 4,
   vier Krähen nach.
2. Vier dicke, fette …

Letzte Strophe: Eine dicke, fette, schwarze Krähe saß noch auf dem Dach,
auch diese wurde schwach,
ja, da war keine Krähe mehr nach.

1. Zur Entstehung

Fingerspiele jeder Art sind besonders bei Kindern im Kindergarten- und Vorschulalter sehr beliebt. Die Kinder zeigen bei den Ausführungen erstaunliche Konzentration und Ausdauer und üben spielerisch die Geschicklichkeit der Hände. Im Fall dieses Spiels üben sie besonders das isolierte Bewegen nur bestimmter Finger.

2. Aufstellung und Verlauf

Es ist keine bestimmte Aufstellung notwendig. Die Kinder sitzen oder stehen als Gruppe beieinander. Für kleinere Kinder kann das Sitzen um einen Tisch herum hilfreich sein, weil sie so ihre Ellenbogen auf der Tischplatte aufstützen können.

Die Hände werden fest gefaltet, und nur die fünf Finger einer Hand strecken und falten sich (gehen weit auf und wieder zu) zum Text des Liedes. Auf den Text: „und eine wurde schwach", bleibt zuerst der Daumen der sich streckenden und faltenden Hand liegen. Auf den Text: „und da waren nur noch" bleiben die nachgebliebenen Finger (Zeigefinger, Mittelfinger, Ringfinger und kleiner Finger) gestreckt, so daß die Kinder deutlich abzählen können, wie viele „Krähen noch nach sind".

Bei der Wiederholung des Liedes strecken und falten sich nun noch die vier übriggebliebenen Finger (ohne Daumen). Dann nur noch drei Finger (ohne Daumen und Zeigefinger), dann nur noch zwei Finger (ohne Daumen, Zeigefinger und Mittelfinger), und zuletzt nur noch ein Finger (nur noch der kleine Finger).

3. Zur Vermittlung

Das Zählen der „verbleibenden Krähen" geschieht über einen 4/4 Takt des Liedes und wird folgendermaßen aufgeteilt:

Bei diesem Lied soll schon der Versuch der Kinder genügen, nur bestimmte Finger zu bewegen. Der Erzieher sollte den Spaß am Singen des Liedes nicht dadurch trüben, daß er auf eine allzu genaue Ausführung der Fingerbewegungen achtet. Allein die Konzentration auf bestimmte Finger und das gemeinsame Abzählen sind zunächst Aufgabe genug und bringen genügend Spaß und Spannung, um das Lied gern und häufig zu singen. Die saubere Ausführung der Einzelbewegungen bestimmter Finger entwickelt sich dann mit der Zeit.

4. Mögliche Vorübungen

Der Erzieher kann die Kinder zum Ausprobieren der Fingerfertigkeit auffordern, indem er fragt: „Kannst du ganz allein nur mit dem Daumen, dem Zeigefinger, dem Mittelfinger, oder sogar mit dem kleinen Finger tanzen (zu einem gesungenen Lied), wackeln (nach vor-, rück-, seitwärts), deinem Freund winken, einrollen und ausrollen (langmachen) und so weiter?" Hierbei ist es hilfreich, wenn die Kinder mit einer Hand die Finger festhalten dürfen, die sie gerade nicht bewegen sollen.

9. Das Lied vom Baby

Wißt ihr, was ein Baby kann? Es robbt auf dem Bauch voran.
(Die Kinder legen sich auf den Bauch und beginnen zu robben.)

Hier seht ihr mich, hier seht ihr mich, hier robbe, robbe ich voran, doch schon sehr bald, doch schon sehr bald, fing ich mit etwas neuem an. Ich zeig' euch, was dann kam, ich zeig' euch, was dann kam.
(Die Kinder begeben sich in Krabbelposition.)

Hier seht ihr mich, hier seht ihr mich, hier krabbel, krabbel ich voran, doch schon sehr bald, doch schon sehr bald, fing ich mit etwas neuem an. Ich zeig' euch, was dann kam, ich zeig' euch, was dann kam.
(Die Kinder kommen unbeholfen zum Stand.)

Hier seht ihr mich, hier seht ihr mich, hier gehe, gehe ich voran, doch schon sehr bald, doch schon sehr bald, fing ich mit etwas neuem an. Ich zeig' euch, was dann kam, ich zeig' euch, was dann kam.
(Die Kinder laufen, hüpfen und springen wild im Raum herum.)

Jetzt kann ich laufen, hüpfen, springen, alles auf einmal, alles zusamm', jetzt kann ich laufen …

1. Zur Entstehung

Das Lied entstand, als mehrere Kinder in der Kindergartengruppe kleinere Geschwister hatten. Es wurde nur zu gern berichtet und imitiert, was die Kleinen schon alles konnten oder auch noch nicht konnten.

2. Aufstellung und Verlauf

Die Kinder stehen im Raum verteilt. Nach den einleitenden vier Takten: „Wißt ihr, was ein Baby kann? Es robbt auf dem Bauch voran“, beginnen sie sich parallel zum Text des Liedes in den Fortbewegungsarten der kindlichen Entwicklungsstufen zu bewegen. (Robben, krabbeln, gehen, laufen/springen). Siehe dazu auch die Anmerkungen im Notentext.

Abhängig vom Bewegungswunsch der Kinder kann der Schluß des Liedes beliebig oft wiederholt werden.

3. Zur Vermittlung

Die Melodie des Liedes ist so einfach, daß die Kinder schon sehr rasch längere Strecken mitsingen, d. h., Bewegen und Singen verbinden werden. Das Singen darf in Tempo und Dynamik dem Charakter der gerade auszuführenden Bewegung angepaßt werden. Zum Beispiel: Robben – schleppend langsam; krabbeln – etwas zügiger und sicherer; gehen – sehr langsam, tapsend, unsicher (die Kinder lieben es, bei ihren „ersten Schritten“ auch ab und zu hinzufallen).

4. Mögliche Vorübungen

Man sollte mit den Kindern zunächst im Gespräch klären, in welcher Reihenfolge sich die Fortbewegungsmöglichkeiten der meisten Kinder entwickeln (robben, krabbeln, gehen, laufen/hüpfen/springen). Man kann diese Fortbewegung mit den Kindern zunächst gemeinsam ausprobieren, noch unabhängig vom Lied. Gibt es Kinder in der Gruppe, die gerade besonders gute Beobachtungsmöglichkeiten haben (vielleicht durch ein Geschwisterkind, ein Baby in der Nachbarschaft oder Verwandtschaft), so sollten diese Kinder ihre Beobachtungen für alle vormachen dürfen.

10. Spaghettilied

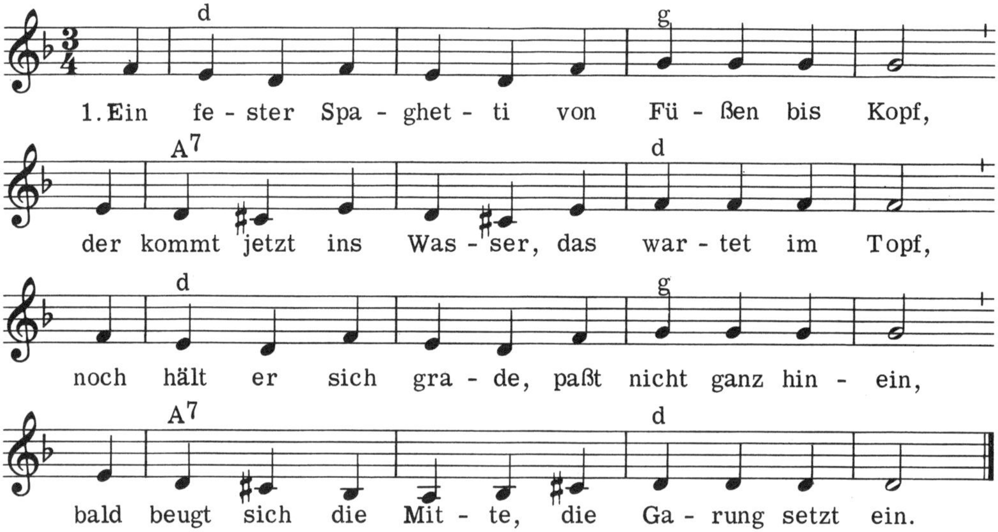

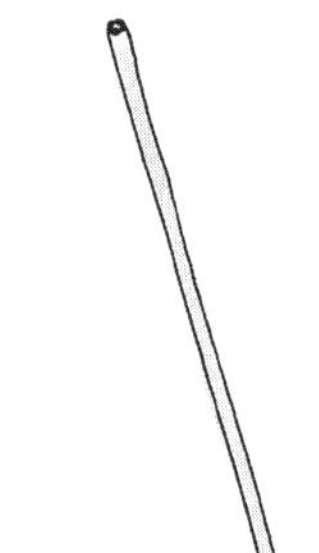

Ein fester Spaghetti von Füßen bis Kopf,
der kommt jetzt ins Wasser, das wartet im Topf,
noch hält er sich g'rade, paßt nicht ganz hinein,
bald beugt sich die Mitte, die Garung setzt ein.

Das Wasser wird heißer, die Nudel wird krumm,
wird blaß, biegt die Mitte bedenklich herum,
und schließlich, sehr dicklich, behäbig und schlaff,
so sinkt sie zu Boden, sagt nicht mal mehr PAFFFFF.

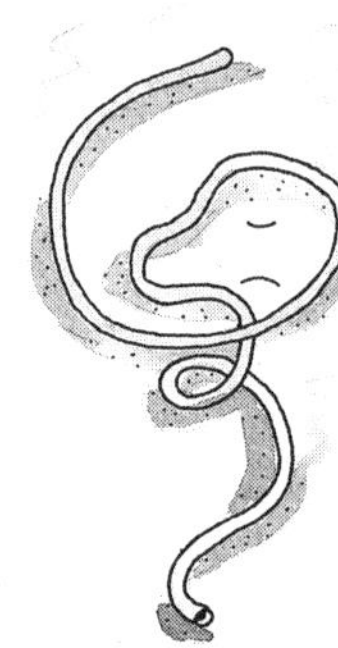

1. Zur Entstehung

Mit dem Lied soll unterschiedliches Körperverhalten (fest/gespannt und locker/schlaff) ausprobiert werden.

Spaghetti kennt jedes Kind, und die meisten Kinder schätzen sie sehr. Ihre lange, für ein Lebensmittel außergewöhnliche Form bietet häufig Anlaß zur Heiterkeit und regt die spielerische Fantasie an. Allen ist die Metamorphose bekannt von der festen, leicht zerbrechlichen, staksig-geraden und spindeldürren, noch ungekochten Spaghetti zur weichen, biegbaren, dicklichen und bläßlichen gekochten Spaghetti, die man später auf dem Teller hat und die mit der Gabel so schwer zu bändigen ist.

2. Aufstellung und Verlauf

Die Kinder stehen im Raum verteilt. Sie bewegen sich parallel zum gesungenen Text zunächst als ungekochte Spaghetti (fest in aufrechter Haltung), dann als Spaghetti im Garungsprozeß (Die Nudel wird weich und strebt zu Boden) und zuletzt als gekochte Spaghetti (Die Nudel hat keine Spannung mehr, um sich aufrecht zu halten, die Bewegungen geschehen am Boden).

3. Zur Vermittlung

Die Kinder, zusammen mit dem Erzieher, spielen zunächst noch unabhängig vom Lied sowohl die ungekochte als auch die gekochte Spaghetti. Ungekocht = festes, gespanntes Körperverhalten in aufrechter Haltung; gekocht = lockeres, schlaffes Körperverhalten, Bewegungen am Boden. Um die Bewegungsfantasie anzuregen, kann der Erzieher fragen: „Wie würden sich die ungekochten/gekochten Spaghetti begrüßen? Wie miteinander tanzen? Wie miteinander kämpfen? usw. Welche Art von Stimme kann man sich für gekochte/ ungekochte Spaghetti vorstellen?“

Auch die Garungsphase kann folgendermaßen ausprobiert werden: Das feste Körperverhlaten löst sich langsam auf. Die Kinder können sich vorstellen, als „halbgare Nudeln“ im sprudelnden Wasser herumzuwirbeln, d. h., der schon weiche, leicht reagierende Körper nimmt die Impulse des sprudelnden Wassers auf und „sprudelt“ nun selbst. Er schlänkert, schlackert, wirbelt, mal hoch, mal tief im Raum herum.

Erst nach dem Ausprobieren der Einzelphasen (ungekocht, gekocht, im „Garungsprozeß“) sollte das Lied im Zusammenhang gesungen und von den entsprechenden Bewegungen begleitet werden. Dabei ist es wünschenswert, daß sich die Art des Singens auf den Charakter der Bewegungen bezieht. Dieses geschieht häufig von ganz allein, wenn die Kinder das Lied und die Bewegungen sicher können und beides lustvoll verbinden. Die erste Strophe wird dann eher mit harter Stimme im Staccato gesungen und wird erst auf den Text: „bald beugt sich die Mitte, die Garung setzt ein“ weicher im Klang und geht zum Legato über. Die zweite Strophe wird dann durchgehend mit eher weicher Stimme und im Legato gesungen, und kann zum Ende hin im Tempo abnehmen und schwerfälliger im Ausdruck werden.

4. Mögliche Vorübungen

Die Kinder können je eine gekochte und eine ungekochte Spaghetti in die Hand bekommen. Sie sollen mit diesen beiden Spaghetti ihre Erfahrungen machen, deren „Bewegungsverhalten" beobachten, indem sie sie zum Beispiel tanzen, hopsen, gehen, grüßen, Kunststücke machen lassen und ähnliches.

5. Erweiterungen und Veränderungen

Liegen am Ende des Liedes alle Spaghetti „gekocht" und „gar" am Boden, so kann der Erzieher von Kind zu Kind gehen und nachschauen, ob „die Spaghetti tatsächlich gar geworden sind" (Passivitätsproben mit den Armen).
Der Erzieher rollt dazu das passiv am Boden liegende Kind, z.B. Lena, vorsichtig auf den Rücken und sagt: „Nun wollen wir mal sehen, ob Spaghetti-Lena tatsächlich gar geworden ist." Er nimmt sodann die Hand von Lena sicher in die seine, hebt die Hand hoch und damit zunächst auch den Unterarm, und zwar so weit, daß ebenfalls der Oberarm leicht vom Boden abhebt. Nun wird durch Hin- und Herführen der Hand der ganze Arm vorsichtig und leicht im Schultergelenk bewegt.
Bei dieser geführten Armbewegung merkt der Erzieher sofort (und auch die meisten Kinder, mit denen man diese Probe macht, merken es sofort), ob der Arm tatsächlich „ganz gar" ist, d.h., ob er tatsächlich nur von dem Erzieher getragen und bewegt wird, oder ob das Kind ihn noch selbst trägt und selbst mitbewegt.
Letztendlich sollen die Kinder durch diese spielerische Übung (Passivitätsproben der Arme) ein Gefühl dafür entwickeln, ob sie Spannung in den Armen haben (noch nicht ganz gar sind), um im weiteren die Arme bewußt entspannen zu können.

Die Passivitätsproben müssen unbedingt in großer Ruhe durchgeführt werden. Sie bringen den Kindern in diesem spielerischen Zusammenhang jedoch meistens so viel Spaß, daß sie gern auch einmal dazu bereit sind, eine Weile als „gekochte Spaghetti" am Boden einfach nur zu „schlafen", bis sie selbst an der Reihe sind, ihr „Garsein" unter Beweis zu stellen.
Schön ist es natürlich, wenn mehrere Erwachsene am Spiel teilnehmen und am Ende die Passivitätsproben mit ausführen können, weil dann den „schlafenden Spaghetti" nicht soviel Geduld abverlangt werden muß.

11. Verschiedene Schuhe

1. Ich habe hohe Stiefel an und gehe wie ein großer Mann.
   Ich habe einen schweren Schritt, versuch's mal, mach es mit!
2. Am liebsten trag' ich Stöckelschuh, dann sehn mir alle gerne zu.
   Ich hab' ein Stöckelknicketritt, versuch's mal, mach es mit!
3. Ich trage immer Joggingschuh, jogg eilig, ohne Rast und Ruh.
   Ich hab' ein' schnellen Laufeschritt, versuch's mal, mach es mit!
4. Seht her, ich gehe zum Ballett, die Schühchen sind so klein und nett.
   Ich hab' ein' leicht grazilen Tritt, versuch's mal, mach es mit!
5. Ich trage stets nur Filzhausschuh und schleich' daher mit großer Ruh.
   Ich habe einen Schlurfeschritt, versuch' mal, mach es mit!
6. Ich habe meine Holzschuh an, mit den' ich ganz doll lärmen kann.
   Ich hab' ein' klobig lauten Schritt, versuch's mal, mach es mit.

1. Zur Entstehung

Oft haben auch schon kleine Kinder durch unbewußtes Beobachten recht genaue Vorstellungen von der Zusammengehörigkeit bestimmter Kleidungsstücke mit bestimmten Bewegungen. Wenn sie sich verkleiden, so verändern sie häufig intuitiv auch ihr Bewegungsverhalten, indem sich die Bewegungen auf die Verkleidung und auf die mit der Verkleidung verbundenen Assoziationen beziehen.
In diesem Lied (für Kinder ab 5 Jahren) geht es nun nicht um das reale Verkleiden, sondern um das pantomimische Tragen verschiedener Schuharten und deren jeweiligen Einfluß auf das Bewegungsgehabe. Das Bewegungsgehabe verändert sich dabei zum einen durch die Assoziationen, die mit bestimmten Schuhen verbunden sind (diese werden auch durch den Liedtext gesteuert), zum anderen durch den Einfluß der gedachten Schuhe auf die Bewegungsmöglichkeiten. (Mit festen, schweren, hohen Stiefeln kann man kaum grazil gehen.)

2. Aufstellung und Verlauf

Die Kinder stehen im Raum verteilt. Parallel zum gesungenen Lied stellen sie pantomimisch das Gehen in dem jeweils genannten Schuhwerk dar:

1. Strophe: feste, hohe Stiefel – schwerer Schritt,
2. Strophe: Stöckelschuhe – eventuelles Umknicken,
3. Strophe: Jogging-Schuhe – schnelles, eiliges Joggen,
4. Strophe: Ballettschuhe – leichtes, graziles Gehen, ab und zu auf der „Spitze“ (auf dem Ballen),
5. Strophe: Filzhausschuhe – schlurfiger Schritt mit Haltepausen,
6. Strophe: Holzschuhe – lautes, klobiges Gehen.

3. Zur Vermittlung

Zunächst sollte man unabhängig vom Lied die Gehbewegungen in den verschiedenen Schuhen ausprobieren. Der Erzieher bewegt sich dazu mit den Kindern gemeinsam im Raum und fragt: „Wie bewegt sich ein großer Mann?“ „Wie bewegt sich dieser große Mann in hohen, festen Stiefeln? Geht dieser Mann schnell oder eher würdevoll langsam? Wie geht ein Mannequin auf dem Laufsteg? Geht es schnell oder langsam in seinen Stöckelschuhen? Wie mag es aussehen, wenn das Mannequin in seinen Stöckelschuhen umknickt?, usw.“
Durch die Fragen, die der Erzieher beim gemeinsamen Bewegen im Raum an alle stellt, sollten die Kinder zu Bewegungsdifferenzierungen angehalten werden.
Erst nachdem sich die Kinder mit den einzelnen Schuharten auseinandergesetzt haben, sollte man das Lied singen und parallel dazu die Bewe-

gungen ausführen lassen. Sind den Kindern die Bewegungen und das Lied vertraut geworden, so kann man „Rollen“ verteilen. Ein Kind übernimmt jeweils die Rolle des Schuhträgers einer bestimmten Strophe. Alle singen dann die Strophe, und nur dasjenige Kind, dem diese Strophe zugeteilt wurde, bewegt sich dazu. Erst auf den zweiten Teil der Strophe (Text auf „tra la“) setzt sich dann die ganze Gruppe in Bewegung und schlüpft ebenfalls in die jeweilige „Schuhträger-Rolle“.
Man kann das Kind, welches jeweils die Rolle des Schuhträgers einer bestimmten Strophe übernommen hat, auch die realen, zur Rolle gehörigen Schuhe tragen lassen (Stiefel, Stöckelschuhe, Joggingschuhe, usw.).

4. Mögliche Vorübungen

Kinder und Erzieher probieren gemeinsam im Raum verschiedene Gangarten aus. Der Erzieher fragt:
„Wie sieht es aus, wenn wir die Füße

- nur auf den Ballen,
- nur auf den Fersen,
- nur auf den Innenkanten,
- nur auf den Außenkanten

belasten?“

„Wie gehen wir
- im warmen, weichen Sand,
- im Schlamm,
- auf heißen Steinen,
- auf spitzen Kieseln,
- im kalten Schnee?“

12. Im Städtchen

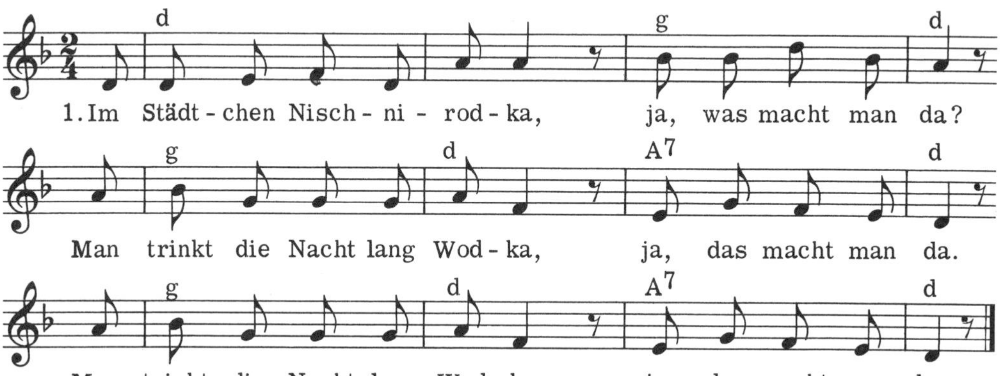

Im Städtchen Nischnirodka, ja, was macht man da?
Man trinkt die Nacht lang Wodka, ja, das macht man da.
Man trinkt die Nacht lang Wodka, ja, das macht man da.

Im Städtchen Spanilacken, ja, was macht man da?
Man klappert mit den Hacken, ja, das macht man da.
Man klappert mit den Hacken, ja, das macht man da.

Im Städtchen Thaililänden, ja, was macht man da?
Man spricht mit seinen Händen, ja, das macht man da.
Man spricht mit seinen Händen, ja, das macht man da.

Im Städtchen Ameriko, ja, was macht man da?
Man schwingt ein großes Lasso, ja, das macht man da.
Man schwingt ein großes Lasso, ja, das macht man da.

1. Zur Entstehung

Dieses Lied entstand ursprünglich für sechs- und siebenjährige Kinder, die schon in der Lage waren, die zu den Strophen gehörigen Bewegungen nicht „frei“ auszuführen, sondern genau eingepaßt in das Taktmaß des Liedes.

2. Aufstellung und Verlauf

Die Kinder stehen im Raum verteilt, jedes mit etwas Platz um sich herum.

1. Strophe: Trinkbewegung (weite, ausladende Armbewegung wie im Kosakentanz). Wechsel des seitlich ausgebreiteten Arms (mit der „Flasche“ in der Hand), mit dem Ansetzen der „Flasche“ an den Mund, jeweils nach zwei Zählzeiten.

2. Strophe: Hackenklappern (wie im Flamencotanz). Die Kinder haben ihr Gewicht auf dem Fußballen und begleiten das Lied mit durchgehenden Achtelschlägen der Fersen. Dazu können geübtere Kinder mit den Armen freie „Flamencobewegungen“ ausführen.

3. Strophe: Gestoppte Armbewegungen mit abgewinkelten Unterarmen und Händen (wie im Thaitanz). Die Armstellungen verändern sich jeweils auf der 1 und auf der 3 jedes Taktes.

4. Strophe: Lassoschwingen über den Kopf. Der Impuls des Schwingens liegt auf jeder Viertelzählzeit des Taktes.

Mit jüngeren Kindern kann man die Bewegungen zum Lied selbstverständlich auch „frei“ ausführen.

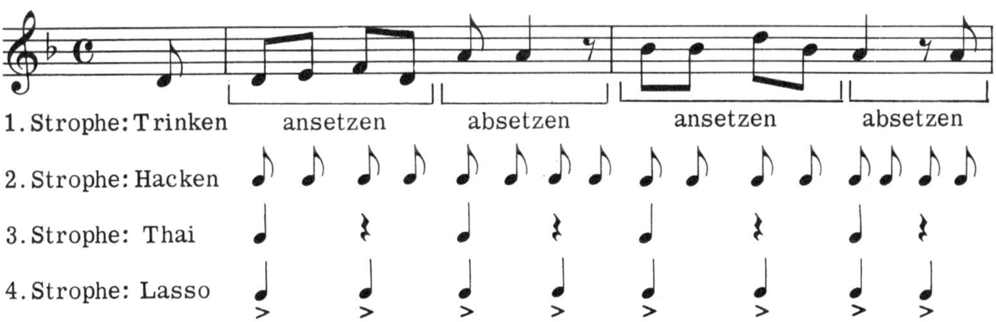

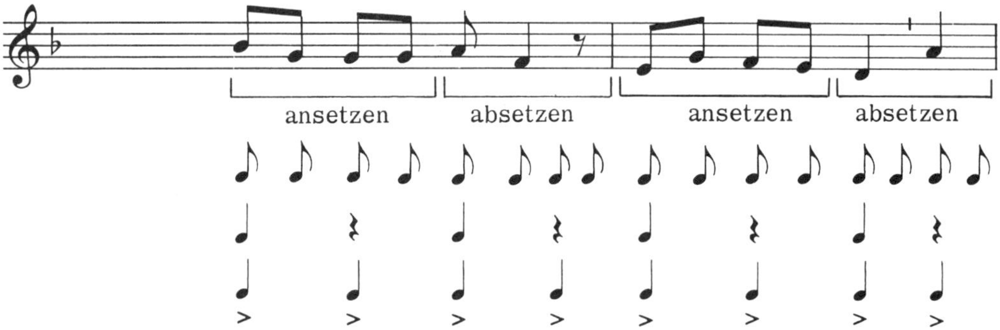

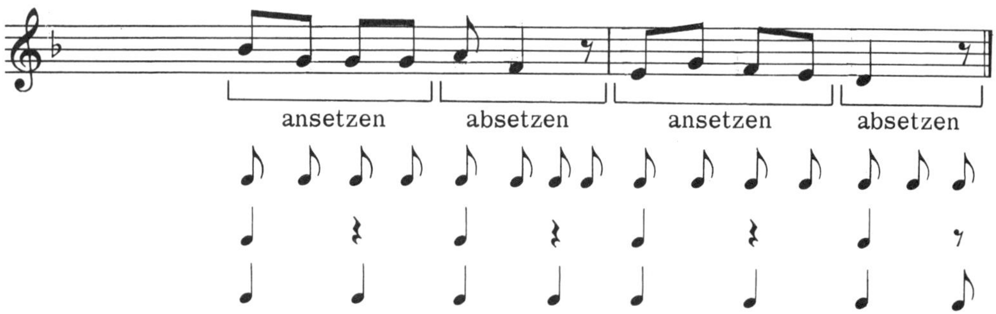

3. Zur Vermittlung

Man sollte versuchen, durch Bildmaterial den Kindern eine Vorstellung zu verschaffen von typischen Bewegungen des Flamencotanzes, des Kosakentanzes und auch des Thaitanzes.

Was bei uns so alles passiert

In diesem Abschnitt sind Lieder zusammengefaßt, die über solche Ereignisse berichten, die von den Kindern als Störung des normalen Kindergarten-Alltags erlebt werden. Solche Störungen können zum Beispiel schlechtes Wetter, Wackelzähne oder Streitereien sein. Diese, den Erwachsenen oft belanglos erscheinenden Geschehnisse bekommen für die Kinder manchmal einen so großen Stellenwert, daß sie von ihnen als Probleme erlebt werden. Durch das Besingen derartiger „Probleme" können diese möglicherweise entschärft oder sogar gelöst werden, indem man sie zu einer gemeinsamen Sache werden läßt oder sie auch einmal von ihrer humorvollen Seite betrachtet.

Lieder

1. Eine Regenweise

Regentropfen fallen leise, spielen eine Regenweise,
die ein jeder spielen kann, ja, so hört sich Regen an.
Kommt ein starker Regenguß, sich das Spiel verändern muß,
jeder prasselt was er kann, auch so hört sich Regen an.

Steht ein Xylophon zur Verfügung, so kann das Lied neben der „Fingerbegleitung“ auch mit den notierten zwei Tönen (A und C) begleitet werden.

2. Regentropfen fallen

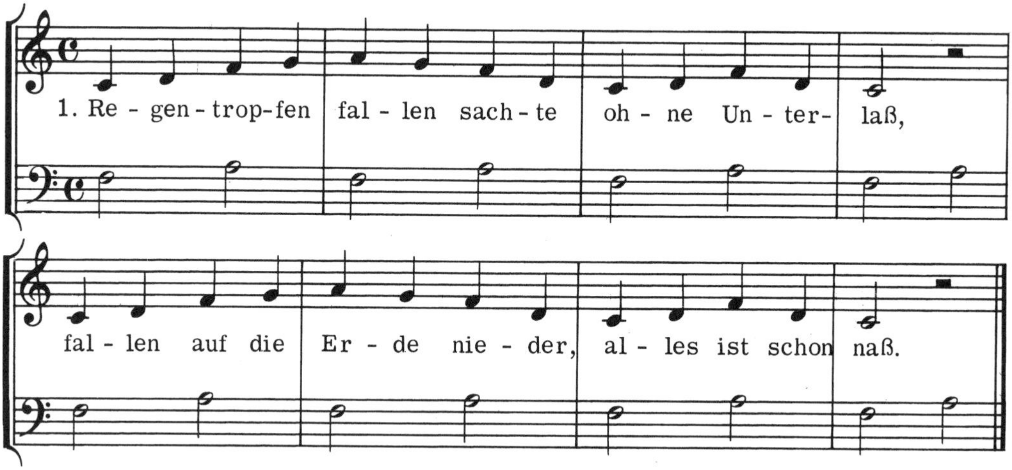

Begleitung „klopfend“

Begleitung „prasselnd“

1. Regentropfen fallen sachte ohne Unterlaß,
   fallen auf die Erde nieder, alles ist schon naß.
2. Regentropfen fallen klopfend ohne Unterlaß,
   fallen auf die Erde nieder, alles ist schon naß.
3. Regentropfen fallen prasselnd ohne Unterlaß,
   fallen auf die Erde nieder, alles ist schon naß.

Steht ein Xylophon zur Verfügung, so kann das Lied neben der „Fingerbegleitung“ auch mit den notierten zwei Tönen (F und A) begleitet werden.

3. Ich glaub', ich spinn'

Drei Regenlieder zum „Begleiten"

1. Eine Regenweise
2. Regentropfen fallen
3. Ich glaub', ich spinn'

1. Zur Entstehung

Bis weit ins Schulalter hinein lieben Kinder es, gemeinsam das prasselnde Geräusch unterschiedlich starken Regens darzustellen, indem sie mit den Fingerkuppen auf eine Holz- oder auch Fellfläche (Handtrommeln, Pauken) tippen bzw. trommeln.

2. Aufstellung und Verlauf

Die Kinder begleiten sich selbst beim Singen der Lieder mit dem Prasselgeräusch des Regens. Hierfür sitzen sie entweder an Holztischen (ohne Tischdecke) oder hinter ihren Stühlen und benutzen die Tisch- bzw. Stuhlfäche als „Instrumente".

Parallel zum Text des Liedes wird mit den Fingerkuppen aller zehn Finger zunächst langsam, später immer schneller auf die Holzflächen zunächst weich getippt, später hart getrommelt, um das Anschwellen der Regentropfendichte darzustellen.

Im Lied: „Ich glaub', ich spinn'"

- werden beim Hagel die Hände zu Fäusten und klopfen mit den Fingerknöcheln auf die „Instrumente",
- wird das Blitzen durch ein lautes Klatschen dargestellt,
- wird der Donner dargestellt durch wildes Trommeln mit den Fäusten auf die „Instrumente".

3. Zur Vermittlung

So wie das Prasseln des Regens in den drei Liedern stärker und lauter wird, so sollte man auch versuchen, die Singelautstärke kontinuierlich zu steigern.

Um „dem Unwetter zu entfliehen" können sich die Kinder mit Schluß der Lieder unter ihren Stühlen („Instrumenten") verkriechen, bis die „Sonne wieder durchkommt". Dieses signalisiert zum Beispiel ein Gongschlag oder ein Triangelschlag. Wenn dieser erklingt, kommen die Kinder wieder hervor, setzen sich hinter ihre „Instrumente" und das Lied kann von neuem beginnen.

Viel Spaß bringt es den Kindern auch, wenn ihnen der Regen einmal auf ihren Rücken fällt. Ein Kind kauert dazu in der Mitte und macht mit seinem Rücken ein „schönes rundes Instrument". Die anderen Kinder knien um das kauernde Kind herum, singen das Regenlied und machen dazu begleitend die fallenden Regentropfen auf dem Rücken des kauernden Kindes spürbar. Hierbei muß selbstverständlich darauf geachtet werden, daß der „Regen" dem Kind nicht wehtut.

4. Mögliche Vorübungen

Der Erzieher kann auf einem Fellinstrument „Regen" vorspielen und die Kinder raten lassen, daß es sich bei dem an- und abschwellenden

Prasselgeräusch um unterschiedlich starken Regen handeln soll. Möglicherweise werden beim nächsten richtigen Regen die Kinder dann besonders aufmerksam auf das Regengeräusch achten.

5. Erweiterungen und Veränderungen

Im Zusammenhang mit den Regenliedern kann man mit den Kindern „Regenklanggeschichten" auf den Stuhlflächen darstellen.
Zum Beispiel: Harold geht spazieren (gemächliches Schrittgeräusch durch Schlagen mit den Handflächen auf die Stuhlflächen). Plötzlich bekommt er einen winzigen, weichen Regentropfen auf die Nase *, dann einen auf die Wange *, einen auf die Stirn * und einen auf das Auge *. Jetzt werden die Tropfen mehr und mehr *. Der Regen beginnt, nur so herabzuprasseln *. Harold setzt sich eine Kapuze auf und geht schnell *, nein, er läuft * zu einem großen Baum *. Unter dem Baum bleibt er stehen und lauscht dem unerbittlich prasselnden Regen *. Endlich wird das Geprassel weniger *. Zuletzt fallen nur noch vereinzelte Tröpfchen *. Bald kann Harold seinen Weg fortsetzen *. Kaum hat er einige Schritte getan, kommt die Sonne auch schon hervor * (Triangel) und es wird noch ein richtig schöner Spaziergang.

Dirigierübung: Der Erzieher kann die Dichte des Regens entweder selbst dirigieren, oder ein Kind als „Dirigenten-Kind" einsetzen, welches mit seinen Dirigentenbewegungen die Stärke des Regens anzeigt, die die anderen Kinder auf ihren Stuhlflächen spielen sollen.

Improvisationsübung: Mit den Kinder ab sechs Jahren kann man auch versuchen, den Regen zu gestalten, ohne daß ein „Dirigent" nötig ist und ohne daß ein Liedtext einem „sagt", wie man spielen soll. Die Aufgabe für alle Kinder (und ggf. Erwachsenen) lautet dann nur: „Stellt gemeinsam unterschiedlich starken Regen dar." Bei einer solchen Improvisationsaufgabe lernen die Kinder, daß sie einen „schönen und abwechslungsreichen Regen" nur zustande bekommen, wenn sie aufeinander hören und miteinander „musizieren", d.h. sie lernen, darauf zu achten, was die anderen gerade vorhaben (wird man gemeinsam gerade schneller/langsamer, lauter/leiser?) und nicht nur die eigenen Absichten durchzusetzen.

4. Was fang'n wir an?

Nun sag doch bloß, was fang'n wir an, wo man doch heute
nicht nach draußen gehen kann.
Wir sprechen laut (bzw. leise, hell/dunkel, hoch/tief, schnell/langsam),
hört wie das geht,
in einer Sprache, die kein anderer versteht:
Ri rappel dippel dappel, wile wule wumm.
Ri rappel dippel dappel, wile wule wumm.

1. Zur Entstehung

Mit dem Lied sollen die Kinder dazu angehalten werden, ihre Stimme (in diesem Fall vorwiegend ihre Sprechstimme) unterschiedlich zu nutzen. Unterschiedlich in Tonhöhe, Lautstärke, Tempo und Klangfarbe. Dieses ist eine Art Vorübung, damit den Kindern später Mittel zur Verfügung stehen, den gesamten Stimmausdruck zu variieren, zum Beispiel, indem der Stimme Emotionen oder Eigenschaften unterlegt werden. (Siehe dazu das folgende Lied: „Der Wind, der bläst".)

2. Aufstellung und Verlauf

Es ist keine bestimmte Aufstellung notwendig. Die Kinder stehen oder sitzen als Gruppe beieinander.

Der Satz in der „Geheimsprache“:
Ri rappel dippel dappel, wile wule wumm.
Ri rappel dippel dappel, wile wule wumm.

wird dem vorangegangenen Text entsprechend laut/leise, hell/dunkel, hoch/tief oder schnell/langsam gesprochen.

3. Zur Vermittlung

Entweder muß der Erzieher beim Singen sehr eindeutig die Art (laut/leise, hell/dunkel, hoch/tief oder schnell/langsam) ansagen, in der die dem Lied folgende Geheimsprache gesprochen werden soll, oder er muß dieses ansagen, bevor man beginnt, das Lied zu singen. Zum Beispiel: „Jetzt werden wir laut in unserer Geheimsprache sprechen.“ Im letzteren Fall kann auch schon das vorangestellte Lied entsprechend laut/leise, hell/dunkel, hoch/tief oder schnell/langsam gesungen werden.

4. Mögliche Vorübungen

Zunächst sollte unabhängig vom Lied nur der Satz in der Geheimsprache mit den Kindern geübt werden. Wenn die Kinder die Silbenfolge gut sprechen können, so kann man sie fragen: „Könnt ihr diesen Satz in eurer Geheimsprache auch ganz leise sprechen? Wie klingt die Geheimsprache, wenn wir ganz laut, dunkel, hell, langsam, schnell, hoch, tief sprechen?“

5. Der Wind, der bläst

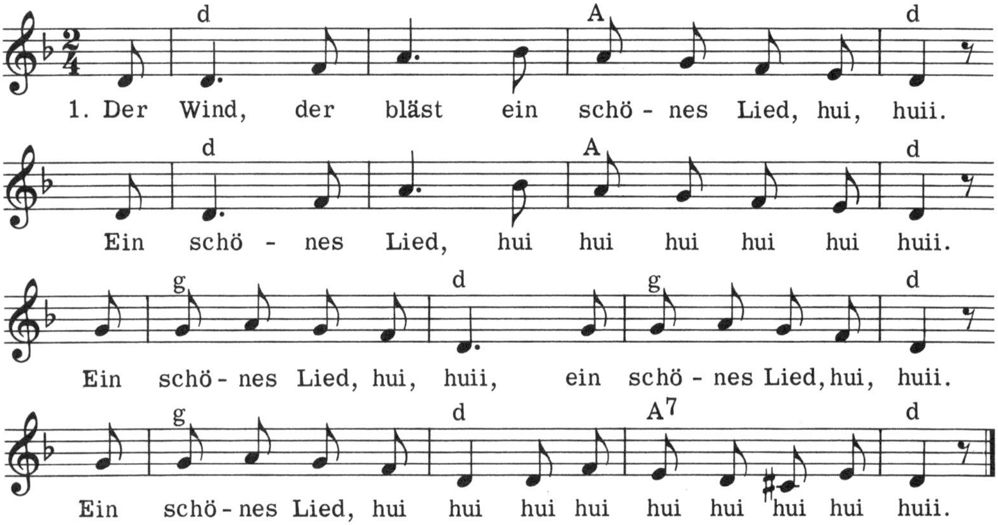

1. Der Wind, der bläst ein schönes Lied, hui hui.
   Ein schönes Lied, hui hui hui hui hui huiii.
   Ein schönes Lied, hui, hui, ein schönes Lied, hui hui.
   Ein schönes Lied, hui, hui, hui, hui, hui, hui, hui, hui, huiii.
2. Der Wind, der bläst ein wütend Lied, hui, hui …
3. – ein ängstlich Lied, hui, hui …
4. – ein zärtlich Lied, hui, hui …
5. – ein grobes Lied, hui, hui …

– usw.

1. Zur Entstehung

Aufbauend auf die Stimm- und Sprechübungen des vorangegangenen Liedes (Lied 4: „Was fang'n wir an?") sollen die Kinder nun angehalten werden, ihre Stimme insofern unterschiedlich zu nutzen, als der gesamte Stimmausdruck variiert wird. Dieses, indem der Stimme Emotionen und Eigenschaften unterlegt werden.

2. Aufstellung und Verlauf

Es ist keine bestimmte Aufstellung notwendig. Die Kinder stehen oder sitzen als Gruppe beisammen.
Mit der ersten Strophe werden Melodie und Text des Liedes eingeübt. Dann folgen die weiteren Strophen und werden dem Text entsprechend mit wütender, ängstlicher, zarter oder grober Stimme gesungen.

3. Zur Vermittlung

Da der Text in der ersten Strophe vorgibt, daß der Wind ein „schönes Lied bläst", sollten die Kinder, nachdem sie Text und Melodie singen können, dazu angehalten werden, ihre „schönste Singstimme" zu benutzen. Auch kleine Kinder (um vier Jahre herum) haben schon eine Vorstellung von ihrer „schönsten Singstimme". Sie beginnen häufig bei der Aufforderung, diese zu nutzen, besonders deutlich, klar und konzentriert zu singen.
Bei den Strophen: „Ein wütend Lied", und: „Ein grobes Lied", muß darauf geachtet werden, daß die Kinder ihre Stimmen nicht übermäßig strapazieren. Um dieses zu verhindern, kann man die Regel aufstellen, daß keines der Kinder lauter singen sollte, als die anderen, also kein Kind das andere übertönt. Diese Regel verhindert meistens ein aus der Kontrolle geratendes, schreiendes Singen.

Die Kinder können die verschiedenen Strophen auch mit dem Text entsprechenden Bewegungen begleiten. Zum Beispiel:

2. Strophe: „wütend Lied", wütende drohende Begleitgebärden.
3. Strophe: „ängstlich Lied", die Kinder verkriechen sich hinter ihren gespreizten Händen.
4. Strophe: „Ein zartes Lied", die Kinder streicheln sich zart über ihre eigenen Arme und Hände.
5. Strophe: „Ein grobes Lied", die Kinder trommeln mit geballten Fäusten grob auf den Fußboden.

4. Mögliche Vorübungen

Damit die Kinder es wagen, ihre Stimme unterschiedlich zu nutzen, der Stimme verschiedenen Ausdruck zu geben, kann man im Zusammenhang mit dem Lied folgende spielerische Übungen machen:

a) (für Kinder ab sechs Jahren) Die Kinder stehen im Kreis mit gefaßten Händen. Sie schaukeln gemeinsam hin und her von einem Bein auf das andere Bein. Der Erzieher versucht das Schaukeln so zu führen, daß jedes Bein möglichst jeweils zwei Zählzeiten lang belastet ist.

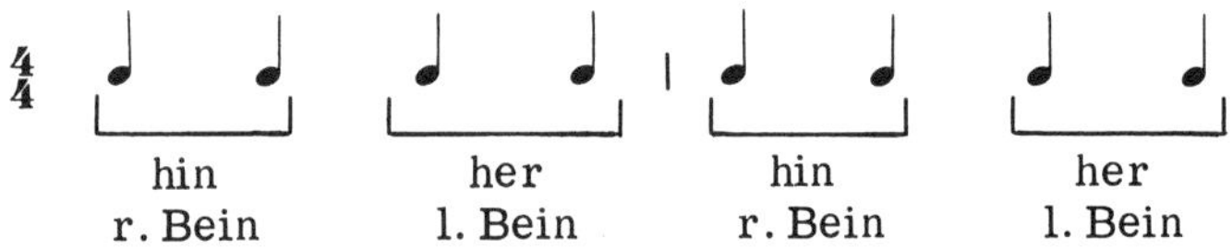

Dieses, indem er das Schaukeln sprechend begleitet. Zum Beispiel:

Erzieher spricht:

Ist die Hin- und Herbewegung einigermaßen gleichmäßig geworden, so spricht der Erzieher über einen Takt (hin/her) irgendeinen rhythmischen Nonsens, zum Beispiel:

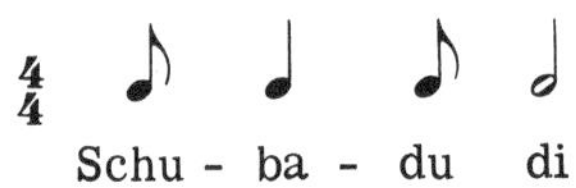

Mit dem nächsten Hin-Her-Schaukeln sprechen die Kinder dieses nach. Nun ist wieder der Erzieher an der Reihe und spricht entweder den gleichen Nonsens mit völlig anderem Ausdruck oder er spricht einen neuen rhythmischen Nonsens, zum Beispiel:

Das gleichmäßige Hin- und Herschaukeln und dazu im Rhythmus Sprechen wird von den Kindern meist sehr lustvoll erlebt. Ist der Erzieher beim Vorsprechen in der Lage, die eigene Stimme in möglichst wech-

selnden Tonlagen und mit unterschiedlichen Ausdrucksnuancen vielseitig zu nutzen, so bringt den Kindern das Imitieren in dieser „Schaukelform“ sehr viel Spaß, und sie machen dabei Erfahrungen mit den Möglichkeiten ihrer eigenen Stimme.
Wenn geübtere Kinder das Hin- und Herschaukeln sicher hinbekommen, so kann man sie bitten, bei dieser Übung die Augen zu schließen. Die Kinder fühlen sich dann unbeobachteter, konzentrieren sich besser auf die vorgegebenen Stimmnuancen und wagen beim Imitieren noch unkontrollierter „aus sich herauszukommen“.

b) (für Kinder ab vier Jahren) Der Erzieher gibt einen einfachen Satz vor. Zum Beispiel: „Ich suche Tante Ernas Badehose.“ Oder auch einen Nonsenssatz: „sa, bu, ku, a, y, a, ka, du, ka, dé“. Zusammen mit den Kindern wird nun ausprobiert: Wie spricht diesen Satz:

- eine alte, vornehme Dame?
- eine lustige Kindergartengruppe?
- ein alter, würdiger Herr?
- ein streitsüchtiger Lauselümmel?
- Dornröschen beim Erwachen?
- ein quengelndes Baby?
- ein kreischender Papagei?
- eine Gruppe keifender Affen?
- ein müdes Krokodil?
- ein wilder Tiger?
- ein schwerfälliges Nilpferd?, usw.

Der Erzieher kann beim Sprechen gern etwas übertrieben „schauspielern“, um die Kinder zur ausdrucksvollen Imitation anzuregen.

6. Warnung

1. Geh nie ohne Gummischuhe, wenn du dicke Wolken siehst, denn vorbei ist deine Ruhe, wenn du krank wirst, schnupfst und niest, hatschi!
2. Nasse Füße, später Husten, das ist vielen schon passiert, die das Bett dann hüten mußten, bis der Schnupfen war kuriert, hatschi!

1. Zur Entstehung

Jedes Kind kennt die Aufforderung, doch bitte Gummistiefel anzuziehen, weil es sich sonst nasse Füße und alle damit verbundenen Ärgernisse holen könnte.

2. Aufstellung und Verlauf

Die Kinder sitzen oder stehen als Gruppe beisammen und singen das Lied.

3. Zur Vermittlung

Dieses Lied (und alle nun folgenden Lieder von Kapitel 4, Lieder 7 bis 14) verfolgt mit Text und Melodie hauptsächlich die Absicht, daß Freude am gemeinsamen Singen erlebt wird. Es hat keine weiteren Funktionen wie die meisten vorangegangenen Lieder. Insofern ist zu seiner Vermittlung in dieser Hinsicht auch keine eingehende Beschreibung notwendig. Die Aufgabe des Erziehers besteht darin, das Lied zu vermitteln und es mit den Kindern möglichst in solchen Augenblicken zu singen, in denen der Bezug gegeben ist, d.h., wenn eine ähnliche wie die im Lied beschriebene Situation eintritt. In diesem Fall zum Beispiel dann, wenn die Kinder aufgefordert werden, sich doch bitte wegen des feuchten Wetters Gummistiefel anzuziehen.

7. Es regnet sehr

1. Ach es regnet sehr, wir können nicht hinaus,
   und der ganze Tag sieht trüb und öde aus.
2. Alles grau in grau, nichts Buntes seh' ich mehr,
   dunkle Wolken ziehn am Himmel hin und her.
3. Und ich schau' hinaus, ich lausche mäuschenstill,
   hör' den Tropfen zu, freu' mich am Wolkenspiel.

1. Zur Entstehung

Das Lied beschreibt die Tatsache, daß in trüben, öden und grauen Situationen auch etwas Positives erlebt werden kann, in diesem Fall, daß man Freude entwickeln kann am Belauschen und Beobachten des schlechten Wetters.

2. Aufstellung und Verlauf

Es ist keine besondere Aufstellung notwendig. Man kann das Lied entweder mit allen Kindern gemeinsam singen oder in gegebener Situation auch nur mit einzelnen Kindern.

3. Zur Vermittlung

Siehe dazu Lied 6, „Zur Vermittlung". In diesem Fall wäre ein möglicher Bezug, das Lied zu singen, zum Beispiel ein verregneter Tag, an dem die Kinder lustlos sind und das schlechte Wetter bedauern.

8. Windpocken/Masern

Ich hab' viele rote Punkte,
fühl' mich müde, heiß und krank,
ach, es juckt mich ja so schrecklich,
manchmal kratz' ich mich stundenlang.
Mama ging heut' nicht zur Arbeit,
macht es sich am Bett bequem,
liest mir vor und kocht mir Tee,
ja, so ist Kranksein angenehm.

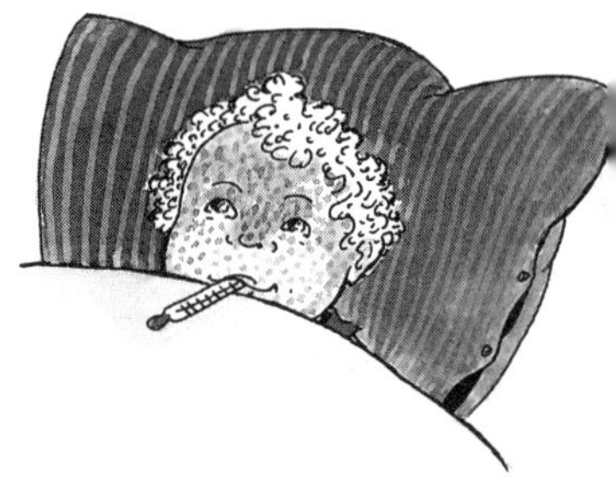

1. Zur Entstehung

Auch in diesem Lied geht es darum, daß in einer unangenehmen Situation, zum Beispiel krank sein, auch Positives erlebt werden kann.

2. Aufstellung und Verlauf

Es ist keine besondere Aufstellung notwendig. Man kann das Lied mit allen Kindern gemeinsam singen oder auch nur mit einzelnen Kindern.

3. Zur Vermittlung

Siehe dazu Lied 6: „Zur Vermittlung“. In diesem Fall wäre ein möglicher Bezug, das Lied zu singen, zum Beispiel, wenn ein Kind an Windpocken erkrankt ist (so singt man das Lied für das Kind, welches leider zu Bett liegen muß und nicht anwesend sein kann), oder auch, wenn ein Kind nach den Windpocken wiederkommt und erzählt, wie es ihm mit der Krankheit ergangen ist.

9. Von lästigen kleinen Tierchen

1. Ich kratz' mich hier, ich kratz' mich dort,
   ich kratze mich in einem fort,
   und wenn ich Glück hab', fange ich
   ein kleines Tierchen sicherlich.
   Ob Pferdeschwanz, ob Mecki oder Zopf, egal!
   Die Läuse fühl'n sich wohl auf jedem Kopf.

2. Zuerst kratz' ich noch ganz allein,
   doch das wird bald schon anders sein,
   denn wenn du Glück hast, springt von mir
   ein kleines Tierchen – schwupps – zu dir.
   Ob Pferdeschwanz, ob Mecki oder Zopf, egal!
   Die Läuse fühl'n sich wohl auf jedem Kopf.

3. Und eines Tages, wie famos,
geht es auch bei den Eltern los,
ich glaub' die finden das ganz toll,
weil man doch alles teilen soll.
Ob Pferdeschwanz, ob Mecki oder Zopf, egal!
Die Läuse fühl'n sich wohl auf jedem Kopf.

1. Zur Entstehung

Das Lied entstand, als zum wiederholten Male Kopfläuse im Kindergarten vorkamen und sich alle Kinder, Eltern, Erzieher und weitere Kontaktpersonen der strengen Prozedur des Haarewaschens mit einem Spezialmittel unterziehen mußten. Dieses wurde von vielen Kindern als recht unangenehm empfunden, zumal auch eine allgemeine Unruhe entstand, durch Fragen, wie die Läuse eingeschleppt wurden, wie man sie gemeinsam gänzlich wieder verbannen kann und ob möglicherweise der Kindergarten vorübergehend geschlossen werden muß.

2. Aufstellung und Verlauf

Es ist keine besondere Aufstellung notwendig. Die Kinder können sich beim Singen dem Text entsprechend „hier und dort" kratzen.

3. Zur Vermittlung

Siehe dazu Lied 6: „Zur Vermittlung". In diesem Fall wäre ein möglicher Bezug, das Lied zu singen, wenn entweder im Kindergarten Läuse auftreten oder auch, wenn Läuse auf andere Weise zum Thema werden.

10. Wackelzähne

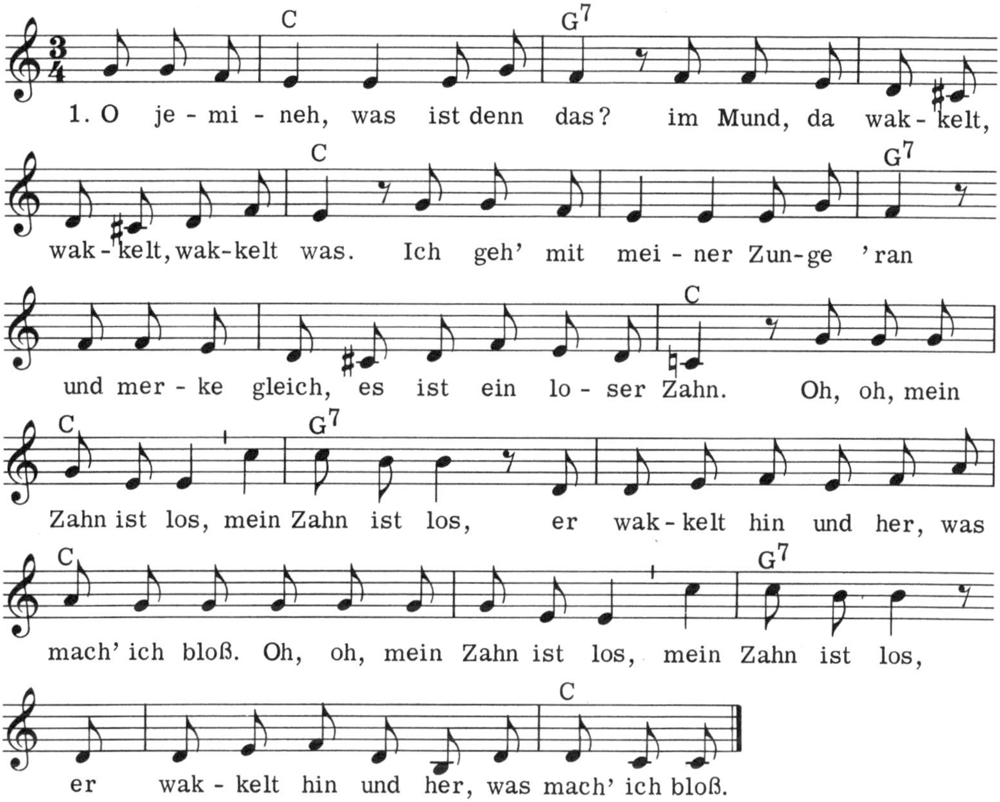

1. O jemineh, was ist denn das?
   Im Mund, da wackelt, wackelt, wackelt was.
   Ich geh' mit meiner Zunge 'ran,
   und merke gleich, es ist ein loser Zahn.

Oh, oh, mein Zahn ist los, mein Zahn ist los,
er wackelt hin und her, was mach' ich bloß?
Oh, oh, mein Zahn ist los, mein Zahn ist los,
er wackelt hin und her, was mach' ich bloß?

2. Sag mir doch, was ich machen kann,
   was fang' ich mit dem Wackelzahn bloß an?
   Ich tue nichts und warte ab,
   bis ich ihn plötzlich einfach nicht mehr hab'.
Oh, oh, mein Zahn ist raus, mein Zahn ist raus,
da ist 'ne Lücke nun, wie sieht das aus!
Oh, oh, mein Zahn ist raus, mein Zahn ist raus,
da ist 'ne Lücke nun, wie sieht das aus.

3. Ich leg' den Zahn ins Wasserglas,
   denn Mama sagt, daraus entsteht dann was,
   am nächsten Morgen lauf' ich hin,
   und seh', im Wasser ist ein Groschen drin.
Und für den Groschen kauf' ich mir,
nur Süßigkeiten, denn ich sage dir,
wer keine Zähne hat im Mund,
für den ist Süßes auch nicht ungesund.

1. Zur Entstehung

Es ist immer ein ganz besonderes Ereignis für die Kinder, wenn einer der Milchzähne zu wackeln beginnt, gar auszufallen droht, oder schon ausgefallen ist und eine deutliche Lücke hinterlassen hat. Meistens wird dieses auch als Zeichen des „Großwerdens“ mit viel Stolz im Kindergarten präsentiert. Gern wird dann darüber berichtet, wie jeder mit seinen Wackelzähnen umzugehen pflegt.

2. Aufstellung und Verlauf

Es ist keine besondere Aufstellung notwendig. Die Kinder sitzen oder stehen beim Singen als Gruppe zusammen und zeigen sich gegenseitig ihre „realen“ oder „gedachten“ Wackelzähne und Zahnlücken.

3. Zur Vermittlung

Siehe dazu Lied 6: „Zur Vermittlung“. Ein möglicher Bezug, das Lied zu singen, sind selbstverständlich im Kindergarten präsentierte Wackelzähne oder Zahnlücken. Man kann im Zusammenhang mit dem Lied die Kinder fragen, wie sie mit ihren Wackelzähnen umzugehen pflegen. Ob sie stets Lust haben, mit der Zunge an ihnen herumzuwackeln, ob sie sie möglichst schnell loswerden wollen, oder ob sie es schaffen, gar nichts zu tun und einfach nur abzuwarten, bis die Wackelzähne plötzlich von alleine ausfallen („bis ich ihn einfach plötzlich nicht mehr hab'“).
Entweder kennen die Kinder den Brauch, ihren Zahn ins Wasserglas zu legen, oder man sollte ihnen von diesem erzählen, um den Text des Liedes verständlich zu machen.

11. I-igitt, ich trat in Dreck

1. Wir gehn so schön spaziern in aller Seelenruh,
   da schreit es plötzlich: „I-igitt, ich trat in Dreck, i buh.
   Ich kratz' am Kantstein hin und her,
   fest klebt der Hundedreck am Schuh.
   Ich schleif' den Fuß durch Gras und Sand
   und kneif die Nase zu.
2. Wir pirschen durch's Gebüsch …
3. Wir schlendern durch den Park …
4. Wir tummeln uns im Laub …
5. Wir platschen durch den Matsch …

1. Zur Entstehung

Hundedreck ist besonders für Stadtkinder ein großes Ärgernis, das ihre Spielfreude und Spielmöglichkeiten erheblich einschränken kann.

2. Aufstellung und Verlauf

Es ist keine besondere Aufstellung notwendig. Die Kinder sitzen oder stehen als Gruppe beisammen und singen das Lied.

3. Zur Vermittlung

Siehe dazu Lied 6: „Zur Vermittlung". Die möglichen Bezüge, das Lied zu singen, sind die häufigen Gelegenheiten, bei denen eines der Kinder in Hundedreck tritt und besonders die Erwachsenen darauf bedacht sind, daß die Schuhe wieder ganz sauber geputzt werden, was die Kinder oft als sehr lästig erleben.

Das Lied kann dem Text entsprechend von Bewegungen begleitet werden.

Teil A, 8 Takte: Die Kinder gehen bzw. pirschen, schlendern, tummeln sich, platschen. Auf „I-igitt" bleiben sie stehen, versuchen, sich nur auf ein Bein zu stellen, um eine ihrer Fußsohlen zu betrachten.

Teil B, 8 Takte: Die Kinder kratzen den Dreck an einem imaginären Kantstein ab. Die Kinder gehen rückwärts durch den Raum und schleifen einen Fuß nach „durch Gras und Sand".
Zuletzt kneifen die Kinder beim Rückwärtsgehen auch noch die Nase zu.

12. Streiterei

Du spielst nicht mit, das darf nicht sein,
du kommst kein' Schritt ins Zimmer 'rein,
hau ab, geh weg, du dummer Wicht,
laß mich in Ruh und stör mich nicht!

Na gut, ich geh' ja schon, ich geh',
doch wart's nur ab, wenn ich dich morgen seh',
dann sag' ich:
Du spielst nicht mit ...

1. Zur Entstehung

Bei einem anderen mitspielen zu dürfen, wenn dieser es gerade nicht wünscht, und auch einmal einen anderen mitspielen zu lassen, wenn man es selbst gerade nicht möchte, ist allen Kindern in einer Kindergartengruppe ein vertrautes Thema.

2. Aufstellung und Verlauf

Es ist keine besondere Aufstellung notwendig. Das Lied kann entweder mit allen Kindern gemeinsam oder auch nur mit den Kindern, die möglicherweise gerade betroffen sind, gesungen werden.

3. Zur Vermittlung

Siehe dazu Lied 6: „Zur Vermittlung“. Mögliche Bezüge, das Lied zu singen, ergeben sich im Kindergartenalltag fast täglich.

Läßt man das Lied mit „aufgeteilten Rollen“ singen (Takt 1 bis 8 eine Gruppe, bzw. ein Kind, Takt 9 bis 12 die andere Gruppe bzw. ein anderes Kind), so wird seine „pädagogische Absicht“ deutlicher: Diese besteht darin, den Kindern klar zu machen, daß, wenn sie jemanden nicht mitspielen lassen, sie selbst möglicherweise das nächste Mal auch nicht mitspielen dürfen. Deshalb ist es besser, rechtzeitig sich um Ausgleich, Verständnis und Versöhnung zu bemühen.

13. Hört auf!

1. Hört auf, hört auf, laßt das Schubsen sein!
   Macht doch endlich Schluß mit diesen Streiterein!
   Ich hab' gar nicht, gar nicht angefang'n,
   und jetzt soll ich aufhörn', nein, das kannst du nicht verlang'n!
2. … laßt das Kratzen sein …
3. … laßt das Schlagen sein …
4. … laßt das Ärgern sein …

1. Zur Entstehung

Es gehört zum Kindergartenalltag, daß bei den meisten Versuchen, Streitereien zu schlichten, die Beteiligten versichern, bestimmt nicht „angefangen“ zu haben mit dem Streit. Die Aufforderung, den Streit zu beenden, „aufhören“, führt insofern häufig zum Gefühl, ungerecht behandelt zu werden.

2. Aufstellung und Verlauf

Es ist keine besondere Aufstellung notwendig. Man kann das Lied entweder mit allen Kindern zusammen singen, oder auch nur mit oder für diejenigen Kinder, die gerade an einer Streiterei beteiligt waren.

3. Zur Vermittlung

Siehe dazu Lied 6: „Zur Vermittlung“. Ein Bezug, das Lied zu singen, ergibt sich, wie oben erwähnt, fast täglich. Möglicherweise kann man mit Hilfe des Liedes vom eigentlichen Streitthema ablenken und dem Gefühl, „ungerecht behandelt zu werden“, spaßhaft entgegenwirken.

14. Pech

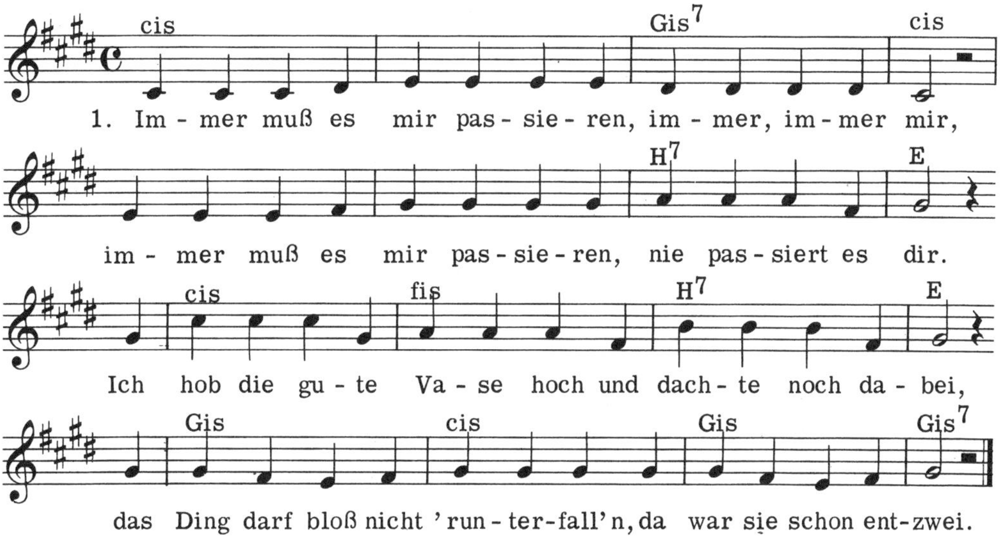

1. Immer muß es mir passieren, immer, immer mir,
   immer muß es mir passieren, nie passiert es dir.
   Ich hob die gute Vase hoch und dachte noch dabei,
   das Ding darf bloß nicht 'runterfall'n,
   da war sie schon entzwei.

2. …
   Ich hatte neue Kleider an und dachte noch „paß auf",
   die sollen lange sauber sein,
   schon waren Flecken drauf.

3. …
Ich spielte ganz allein am Teich und dachte „fall nicht 'rein",
doch plötzlich stand ich mittendrin,
wie konnte das nur sein.

4. …
Ich sah ein' Hund und dachte mir, der mag mich sicherlich,
ich streichelte ihn lieb und nett,
doch plötzlich biß er mich.

5. …
Ich fiel und dachte „heul nicht!", denn schließlich bist du groß,
doch plötzlich kamen dicke Trän',
es weinte einfach los.

1. Zur Entstehung

Wer kennt nicht das plötzlich aufkommende Gefühl, daß das Pech immer nur einen selbst ereilt und daß alle anderen weitgehend vom Mißgeschick verschont bleiben? Schön ist es, wenn man dann hört, daß auch andere dieses Gefühl „immer muß es mir passieren!" haben können.

2. Aufstellung und Verlauf

Es ist keine besondere Aufstellung notwendig. Man kann das Lied entweder mit allen Kindern gemeinsam singen, man kann es aber auch demjenigen Kind vorsingen, das sich gerade über sein Mißgeschick ärgert.

3. Zur Vermittlung

Siehe dazu auch Lied 6: „Zur Vermittlung". Der Erzieher muß mit etwas Gefühl erspüren, ob ein Kind, welches gerade Pech hatte, überhaupt dafür offen ist, sich ein Lied vorsingen zu lassen, oder gar mit den anderen Kindern gemeinsam ein Lied zu singen über alles mögliche, was einem sonst noch so an Mißgeschick widerfahren kann.